Ingrid Riedel

Wie aus der ungeliebten Tochter eine starke Frau wird

Mit Märchen leben

Ingrid Riedel

Wie aus der ungeliebten Tochter eine starke Frau wird

Frau Holle

Kreuz

Inhalt

Mein Lieblingsmärchen

Von Angela Seifert

Es war einmal ... ein kleines Mädchen, ein kleiner Junge, etwa vier, fünf Jahre alt. In dieser Zeit gab es Ereignisse, die das weitere Leben der/des Kleinen bestimmten.«

So könnte Ihr eigenes Märchen beginnen. Natürlich kann ich es nicht weiterschreiben, weil ich Sie und Ihre Geschichte nicht kenne, doch ich kann aus meinen Erfahrungen als Psychotherapeutin einiges erzählen, was Ihnen hilfreich sein könnte, selbst ein wenig Klarheit in Ihre Lebensgeschichte zu bringen – wenn das Ihr Anliegen ist.

In der Transaktionsanalyse, die der amerikanische Psychiater und Psychotherapeut Eric Berne begründet hat, arbeiten wir auch mit den Lieblingsmärchen aus der Kindheit und den Geschichten, die später im Leben bedeutungsvoll für die/den Betreffende/n geworden sind.

Wenn Sie wollen, können Sie einmal schauen, ob Sie Ihr persönliches Skriptmuster, Ihr Lebensdrehbuch im Märchen »Frau Holle« entdecken.

An welche Ereignisse erinnern Sie sich, als Sie vier oder fünf Jahre alt waren? Wie haben Sie sich damals in der Familie, in der Sie aufgewachsen sind, erlebt? Am besten, Sie schreiben erst einmal alles auf, was Ihnen einfällt.

Und wenn Sie noch ein Übriges tun wollen, um Ihrer Skriptgeschichte auf den Grund zu gehen, empfiehlt es sich, bevor Sie weiter lesen und vor allem, bevor Sie das Märchen noch einmal lesen, eine kurze Inhaltsangabe des Märchens aus dem Gedächtnis aufzuschreiben, nach dem, was Sie davon noch erinnern. Sie soll wirklich nur kurz sein, fassen Sie das für Sie Wesentliche in wenigen Sätzen zusammen.

Falls Sie sich darüber hinaus noch an ein Buch, Theaterstück, Kinofilm erinnern, das/der Sie in der Zeit der Pubertät, also zwischen 12 und 18 Jahren, sehr beeindruckt hat, schreiben Sie auch eine kurze Zusammenfassung davon. Und wenn Sie dann noch Lust zu weiteren Recherchen über Ihren unbewussten Lebensplan haben, überlegen Sie, welche Geschichte Ihnen in den vergangenen zwei bis drei Jahren wichtig war, und verfahren mit ihr wie mit der Zusammenfassung des Märchens und der Pubertätsgeschichte.

Anschließend können Sie schauen, ob Sie ein gemeinsames Thema zwischen dem Märchen und der Geschichte aus den vergangenen zwei bis drei Jahren entdecken. Das Thema der Pubertätsgeschichte wird entweder ähnlich sein, oder es zeigt eine Gegenposition auf. Denn die Adoleszenz ist oft eine Zeit der Rebellion, und da konstelliert sich im Heranwachsenden eine Tendenz, das Alte, Vertraute aufzubrechen, die bis dahin abgelehnte Seite – oft ist es die ureigene, die den Eltern zuliebe unterdrückt wurde – in das Verhaltensrepertoire mit aufzunehmen. Die Lieblingsgeschichte aus der Pubertät kann also, falls das Lieblingsmärchen aus der Kindheit und die bevorzugte Lektüre aus jüngster Zeit eine Einseitigkeit und damit eine Einschränkung des Lebendigseins aufweisen, die Lösung beinhalten.

Zu einem »richtigen« Drehbuch für das Theater oder für einen Film gehören ganz bestimmte Rollen:

- die Hauptperson, um die sich das Ganze dreht – in den Märchen Held oder Heldin genannt – diese Rolle teilt das Kind natürlich sich selbst zu;
- der Widersacher/die Widersacherin, der/die das Leben erschwert – im Märchen tritt diese Person meist als böser Zauberer oder als Hexe auf –, die das Kind in der Person erlebt, die hauptsächlich seine Spontaneität einschränkt;
- der Retter/die Retterin – zum Beispiel eine gute Fee, ein alter Weiser, oft übernehmen auch hilfreiche Tiere diesen Part –, diese Rolle überträgt das Kind manchmal einer

lieben Oma oder einem verständnisvollen Opa, aber auch anderen Menschen, denen es vertrauen kann.

- Dann gibt es auch noch weitere Personen, die unverzichtbar sind, sowie einige Randfiguren, die dazu beitragen, dass die Geschichte unerwartete Verwicklungen erhält, also spannend ist und nicht allzu rasch zu Ende geht.
- Und natürlich, das Wichtigste bei jedem spannenden Drehbuch: Es gibt am Schluss etwas zu gewinnen, eine Prinzessin oder einen Königssohn, einen Schatz, so wie hier das Gold, und manchmal sogar das eigene Leben.

Aber die Spannung der Geschichte besteht darin, dass es mittendrin oft so aussieht, als sei dieser Gewinn nicht zu erzielen, als sei er für immer verspielt, als müsse am Ende der Held/die Heldin als Verlierer/Verliererin da stehen. In diesem Märchen ist die Verlierer-Rolle der Pech-Marie extra beschrieben.

Es ist eben wie im richtigen Leben, denn Drehbücher jedweder Art werden nach den Erfahrungen geschrieben, die das Leben liefert.

Gerade in den Geschichten der frühen Kindheit, also im Vorschulalter, wird das Thema des weiteren Lebens besonders eindrucksvoll deutlich. In diesem Alter sind Kinder sehr aufnahmebereit für alles, was um sie herum geschieht, sie beobachten genau die Menschen, mit denen sie zu tun haben, vor allem natürlich Mutter, Vater und Geschwister, und sie treffen eine, später meist nicht mehr bewusste, Entscheidung. Zum Beispiel kann ein Kind sich sagen: »Ich werde nie mehr meine Gefühle zeigen«, wenn es erlebt, dass seine Gefühle nicht ernst genommen werden. Und als Erwachsene/r wird dieser Mensch dann von anderen als überwiegend rational denkend oder gar als gefühlskalt wahrgenommen. Oder ein Kind sieht, dass jemand in der Familie oft krank ist und deswegen besonders viel Aufmerksamkeit erhält. Es kann sich vornehmen: »Ich werde auch oft krank sein, dann kümmern sich die anderen um mich.« Oder – das ist manchmal bei einem Kind der Fall, das als jüngstes in einer Familie aufwächst – es spürt, dass Mama es am liebsten immer bei sich haben, es nicht eines Tages hergeben möchte, dann kann es sich vornehmen: »Ich verlasse Mama nie. Am besten, ich werde gar nicht wirklich erwachsen.« Daraus wird möglicherweise ein Mensch, der auch im Alter noch kindlich wirkt und von anderen Menschen, zum Beispiel in seinen Partnerschaften, auf ungesunde Weise abhängig bleibt.

Wir nennen diese Schlussfolgerung, die das Kind aus dem zieht, was es in der Familie erlebt – es gibt natürlich noch viel mehr, als die hier kurz geschilderten – seine »Skriptentscheidung«. Sie ist maßgebend für den, zunächst einmal unbewussten, persönlichen Lebensplan, denn die Gefühlsreaktionen und Verhaltensweisen werden um die entsprechende Entscheidung herum aufgebaut.

Als Vor-Bilder, um so ein »Lebensdrehbuch« innerlich »schreiben« zu können, sucht sich das Kind aus den Geschichten, die es hört, diejenigen aus, die am besten zu seiner jeweiligen Entscheidung passen. Zum Beispiel kann sich ein kleines Mädchen, das sich im Vergleich zu seinen Geschwistern zurückgesetzt fühlt, mit der Goldmarie identifizieren und das Märchen »Frau Holle« zu seinem Lieblingsmärchen erklären, weil es darin beschrieben findet, dass auch ein benachteiligtes Kind sehr viel Glück im Leben haben kann. Oder ein Kind leidet darunter, dass es sehr viel in Haus und Garten helfen muss, findet den Mut der Pechmarie toll und nimmt sich vor, später einmal gerade nicht das zu tun, was die Eltern wollen, sondern einfach sein Leben zu genießen und vielleicht sogar die Eltern wegen ihrer Dominanz zu strafen, was aus einem natürlichen Kind einen kleinen Rebellen macht.

So werden die Märchen und Geschichten, die das Kind in

der frühen Kindheit hört, zu Leitbildern für ein bestimmtes Lebensmuster. Es projiziert sowohl seine innere Not als auch seine Hoffnung, die Möglichkeit der Erlösung, auf die Gestalten, die ihm das Märchen vorstellt.

Wenn nun jemand sein Lebensskript kennen lernen will, sind dazu die Märchen aus der Kindheit besonders geeignet, weil in ihnen immer – im Gegensatz zu den längeren Geschichten eines Buches – nur ein Thema behandelt wird.

Wenn man viele Lebensgeschichten kennen lernt, fällt auf, dass es für ein Kind zunächst fast immer das Wichtigste ist, die Eltern glücklich machen zu wollen. Die meisten Kinder tun unheimlich viel für Mama und Papa, wobei dann die Tragik des weiteren Lebens darin besteht, dass sie an dieser Aufgabe scheitern. Denn ein Kind kann es nicht machen, dass Mutter und Vater glücklich und gesund sind, dafür können die beiden nur selber sorgen. Zu diesem Zweck kommt das Kind auch nicht auf die Welt. Es wird geboren, um selbst sein Leben zu leben, seinen eigenen Weg zu gehen und sein Glück zu finden. So wie der Held/die Heldin im Märchen.

Was haben Sie getan für Ihre Eltern? Wollten Sie auch, dass Mama zufrieden und Papa stolz war auf die Kleine/den Kleinen? Haben Sie vielleicht besonders viel Rücksicht genommen, wenn Mama wieder einmal Kopfweh hatte oder sehr angestrengt war, weil sie noch weitere Geschwister versorgen oder Geld verdienen musste? Möglicherweise nahmen Sie sich damals vor, immer fleißig zu sein und alles zu tun, was von der Kleinen/dem Kleinen verlangt wurde, um Mama zu entlasten und ihr keine Sorgen zu machen. Vielleicht war Ihr Vater recht stolz auf seine gehorsame Tochter oder auf seinen pfiffigen Sohn und Sie wollten ihn nicht enttäuschen und haben stets nach einer besonderen Lösung für eine schwierige Aufgabe gesucht.

Da kann es natürlich im zarten Kindesalter zu Überforderungen kommen und die Folge davon könnte sein, dass Sie später im Leben die an Sie gestellten Aufgaben nicht mehr richtig einschätzen können und sich aus Angst, nicht rechtzeitig fertig zu werden, allzu tief in Ihre Arbeit stürzen – wie Goldmarie in den Brunnen springt. Oder Sie sind als Erwachsene/r froh, endlich dem Diktat der fordernden Eltern entronnen zu sein, und gehen jetzt Ihr Tagewerk eher locker an, vernachlässigen auch manches und scheinen so ganz zufrieden zu sein.

Wie auch immer – eine Zeitlang macht es nichts aus, wenn man sich unter- oder überfordert, doch auf die Dauer kann beides zu unangenehmen Folgen führen. Zumindest wird der schließliche Lebensgewinn dadurch in Frage gestellt.

Hier wäre also für Sie die Frage nach Ihren Begabungen und Fähigkeiten wichtig. Wissen Sie um alle Begabungen, die in Ihnen angelegt sind, also könnten Sie – im übertragenen Sinne – in einen Brunnen springen und mit Gold beladen daraus wieder zurückkommen? Oder meinen Sie im Gegenteil, stets alle Wünsche eines anderen klaglos erfüllen zu müssen, und sind damit hoffnungslos überfordert, weil es nicht das ist, was Sie eigentlich wollen, nämlich in aller Ruhe Ihre Arbeiten erledigen, eine nach der anderen? Und worauf lassen Sie sich womöglich ein, um den Forderungen anderer nachzukommen? In diesem Märchen wagen zwei Mädchen, in eine ungewisse Zukunft zu springen, die eine aus Angst vor dem, was jetzt ist, die andere aus Hoffnung auf künftigen Reichtum.

Im übertragenen Sinne heißt das: Sie würden Ihren größten Schatz, Ihr Recht auf Selbstbestimmung opfern.

Oder welche Begabungen liegen in Ihnen noch brach? Wenn »Frau Holle« Ihr Lieblingsmärchen ist, verfügen Sie möglicherweise über mehr innere Sicherheit und Selbstvertrauen, als Ihnen bewusst ist. Denn beide Mädchen in diesem Märchen tun etwas Ungewöhnliches. Die eine springt voller Angst in den Brunnen, d. h. sie muss zuerst ihre Angst überwinden, um springen zu können, die andere geht diesen Weg in blindem Vertrauen auf einen guten Ausgang. Für beides braucht es innere Stärke.

Was auch immer: In diesem Märchen heißt das Thema »Gehorsam«. Auf der äußeren Ebene gehorchen beide Mädchen der persönlichen Mutter, bzw. Stiefmutter, auf der inneren Ebene gehorchen sie dem überpersönlichen »großen« Mütterlichen – dem Selbst, wie es in der Jung'schen Psychologie genannt wird – hier dargestellt in der Frau Holle.

Aber auch das Thema »Selbstbestimmung« ist angesprochen. Bei Goldmarie kann man annehmen, dass sie sich selbst gegenüber treu bleibt, auch wenn sie bedingungslos gehorsam ist, dass sie also mit ihrem fraglosen Tun einer inneren Stimme gehorcht, die sie führt – zu ihrem Besten. Pechmarie dagegen würde sich selbst verleugnen, wenn sie einfach täte, was der Apfelbaum, der Backofen und die Frau Holle von ihr verlangen, denn ihr geht es darum, das zu tun, was sie will.

Vom Standpunkt der analytischen Psychologie würde man sagen, sie folgt *nur* ihrem Ich-Bewusstsein, wogegen die Goldmarie dem *höheren* Selbst gehorcht.

Bei diesem Märchen werden auch immer wieder Stimmen laut, die darauf hinweisen, dass die hier beschriebenen Mädchen einer patriarchalen Gesellschaftsordnung entsprechen: Das »gute« Mädchen muss fleißig und gehorsam sein, dasjenige, das auf Selbstbestimmung sinnt, ist schlecht – für diese Gesellschaft. Denn erstens sollen Frauen leicht zu »führen« sein und zweitens sollen sie die Arbeit tun, während die »Herren der Schöpfung« darüber nachdenken, was man noch alles erfinden kann, um überhaupt nicht mehr arbeiten zu müssen.

Von daher gesehen genießt das Mädchen, das aus eigenem Vorteil in den legendären Glücksbrunnen springt, keinen guten Ruf. Aber das ist, wie gesagt, nur *eine* Sichtweise.

Wenn wir allerdings die Märchen als Lebenshilfe und Lebensvorlage nehmen, ist es sinnvoll, sie aus verschiedenen Blickwinkeln zu betrachten.

Wie passen diese Überlegungen zu dem, wofür Sie sich als Kind entschieden haben? »Ich werde einmal …« – wie geht der Satz für Sie weiter?

Wenn Sie diesen zentralen Satz Ihres Lebensdrehbuchs gefunden haben, auch auf Grund der drei Geschichten, die Sie als Zusammenfassungen geschrieben haben, dann schauen Sie jetzt einmal, ob Sie ihm bisher gefolgt sind und ob Sie ihm weiterhin folgen wollen.

Die so genannte »Skriptentscheidung« ist für das Kind eine optimale Möglichkeit zur notwendigen Lebensbewältigung. Es fasst den Entschluss ja aus den Gegebenheiten, die es vorfindet in der Familie, in die es hinein geboren wurde und die es bis zu diesem Zeitpunkt gut genug kennen gelernt hat, um abschätzen zu können, auf welche Art und Weise es größtmögliche Bestätigung und Zuwendung erhält. Denn darauf ist jedes Kind in höchstem Maße angewiesen. Erwachsene brauchen sie natürlich auch, doch in der Kindheit sind Bestätigung und Zuwendung lebensnotwendig.

Insofern ist jede Skriptentscheidung eine kreative, bestmögliche Lösung für das Kind in dem Leben, wie es sich ihm stellt. Erst später merken die Erwachsenen dann oft, dass diese Grundsätze, die das Kind sich damals gegeben hat, heute nicht mehr so recht passen, dass sie das Leben einengen, dass sie eher ein Gefängnis sind als einen weiten Spielraum für die vielfältigen Lebensmöglichkeiten zu lassen.

Das Bekannte bietet ja Sicherheit, während das Unbekannte erst einmal Angst machen kann. Aus diesem Grund halten dann Menschen manchmal lieber an alten Mustern fest als sich neuen Erfahrungen zu öffnen.

In diesem Märchen erleben wir, dass es mindestens zwei

verschiedene Denk- und Verhaltensweisen gibt. Und das heißt – psychisch gesehen –: Was immer wir tun, das Gegenteilige ist auch in uns. Denn Menschsein heißt, sich in der Polarität zu befinden, sich zwischen Gegensätzen zurecht finden zu müssen. Wir erleben Tag und Nacht, sehen, dass es oben und unten, rechts und links gibt und dass wir, seit Eva und Adam den Apfel vom Baum der Erkenntnis gegessen haben, zwischen gut und böse zu unterscheiden haben. Wobei man Gehorsam nicht unbedingt mit »gut« und Selbstbestimmung nicht mit »schlecht« gleichsetzen kann.

Die subtile Spannung in diesem Märchen besteht in dem, was schon die Dichter im antiken Griechenland in ihren Dramen und Tragödien bearbeitet haben und was Eric Berne zu seiner »Skripttheorie« veranlasste: Den Menschen ist das Recht auf Selbstbestimmung gegeben, und sie sind dennoch dem Schicksal unterworfen. Diese überaus brisante Mischung ist der Preis für die Möglichkeit zur Bewusstwerdung.

Manchmal geht es gut, wenn jemand sich ganz seinem Schicksal überlässt, wie es die Goldmarie tut, manchmal geht es schief, wenn jemand nur selbst bestimmt, was er/sie will. Aber im richtigen Leben kann es auch umgekehrt sein: Manchmal geht es gut, wenn jemand seiner Selbstbestimmung folgt, manchmal geht es schief, wenn sich jemand nur auf das Schicksal verlässt.

Das Märchen von Frau Holle bietet von daher gesehen eine gute Möglichkeit, sich mit diesem Thema »Gehorsam versus Selbstbestimmung« auseinander zu setzen.

Vielleicht ist Ihnen das ja auch ein Anliegen: zu lernen, wie Sie sich sowohl in das Leben, in Ihr Schicksal hinein geben als auch selbst über sich bestimmen können. Es könnte eine spannende Frage und Aufgabe für Sie sein, sich immer wieder Klarheit darüber zu verschaffen, was wohl das Schicksal mit Ihnen vorhat und was Sie selbst für sich wollen.

In der Transaktionsanalyse werden zwei grundsätzliche Verhaltensweisen des Kindes – das auch später im Erwachsenen wirksam ist – unterschieden: das freie und das reaktive Kind. Das freie Kind ist das ursprüngliche, spontane, intuitive, das alle Begabungen, die in ihm angelegt sind, mit Freude zu Fähigkeiten entwickelt. Das reaktive Kind ist das, welches sich auf Grund von äußeren Einflüssen den Gegebenheiten in nicht natürlicher, sondern übertriebener Weise anpasst, also sehr lieb, sehr fleißig, sehr still wird oder zum Gegenteil wechselt, auf die rebellische Seite. Doch damit befindet es sich immer noch auf der Straße der übertriebenen Angepasstheit, eben nur auf der anderen Straßenseite.

In diesem Märchen sind beide Seiten der Angepasstheit beschrieben. Goldmarie ist lieb und fleißig, was gemäß der patriarchal organisierten Gesellschaft auch entsprechend belohnt wird. Pechmarie handelt wie viele Kinder, die sich nicht frei entfalten dürfen, auf übertriebene Weise gleichgültig und arrogant. Um die Einengung des Skripts zu verlassen, ist jedoch der Wechsel zum *freien* Kind notwendig, das aus sich heraus spürt, wann Anpassung an die Außenwelt angebracht ist und auf welche Art und Weise es diese leben will. Das heißt, wenn Sie sich eher mit der Goldmarie identifizieren, könnte für Sie sinnvoll sein, nicht ausschließlich den Forderungen anderer nachzukommen, sondern mehr in sich selbst hinein zu lauschen und darauf zu achten, was Sie eigentlich wollen. Wenn Ihnen die Pechmarie wichtig ist, wäre es vielleicht angebracht, auch hin und wieder einfach fraglos das zu tun, was es gerade zu tun gibt.

Je nachdem, welches Thema Sie für sich in Ihren Geschichten gefunden haben – geht es in erster Linie darum, ein sicheres Gefühl für sich selbst zu gewinnen und auch zu wagen, ab und zu etwas Ungewöhnliches zu tun, auch mal »aus der Reihe zu tanzen«? Dann ist es natürlich sehr wichtig, Ihre Ressourcen zu kennen, Ihre Energien, die Sie wohl am besten in Ihren Träumen, Phantasien und Imaginationen, im Hineinlauschen in sich selbst finden, also aus dem Unbewussten holen können. Denn das ist das Reich der Frau Holle.

Und es gibt noch einen ganz wichtigen Punkt anzusprechen: Eric Berne warnte immer wieder davor, einem inneren, unbewussten »Dämon« anheim zu fallen, der alles, was man sich so schön aufgebaut hat, zunichte machen könnte. Hier liegt die Gefahr darin, in eine Einseitigkeit abzugleiten, also in einem Extrem zu leben. Nur gehorsam zu sein wie Goldmarie ist wahrscheinlich genau so unangebracht, wie nur dem eigenen Willen, der Pechmarie zu folgen.

Es geht also darum, sich nicht zwischen zwei Extremen zu entscheiden, sondern den »goldenen Mittelweg« zu suchen. Ein bisschen Goldmarie und ein bisschen Pechmarie ist vielleicht ein Leben, das Sie bevorzugen. Das ist auch vernünftig und realistisch, denn das Leben der meisten Menschen spielt sich tatsächlich im Bereich der Mitte ab.

Dabei ist es wichtig, immer wieder zu bedenken, dass zwei starke Kräfte den Menschen bestimmen: die in das Leben hinein drängenden und die das Leben wieder verlassen wollenden. Sigmund Freud nannte sie »Lebenstrieb«, »Libido« und »Todestrieb«, »Destrudo«. Mit beiden Kräften sollten wir bewusst umgehen, denn alles, was unbewusst verläuft, entzieht sich unserer Kontrolle und Steuerung. Leider handeln viele Menschen selbst-destruktiv, weil sie sich nicht mögen. Gerade für sie könnte dieses Märchen eine große Hilfe sein, weil sein Schicksal anzunehmen und sich selbst dabei nicht zu verleugnen auch sich selbst annehmen bedeutet.

Im alten Griechenland verstand man unter dem »Daimon« eine inspirierende Kraft. Hier ist sie symbolisiert in der Spindel, die ja der Ausgangspunkt für die Wanderung durch das Unbewusste, das Reich der »großen Mutter« Schicksal ist. Die Spindel webt den Faden des Lebens, auch deshalb symbolisiert sie die kreative Kraft, das schöpferische Potenzial. Wenn wir in dem Wort »Daimon« aber den »Dämon« sehen, dann bedeutet es zwar die gleiche Kraft, doch eine, die zerstörerisch wirkt. Die Pechmarie könnte hadern mit sich selbst und mit ihrem Schicksal, weil es ihr nicht den ersehnten Lohn, sondern die Demütigung des Pechhabens beschert hat.

Anders gesagt: Die größte Stärke, die wir haben, kann zur größten Schwäche werden, und wenn wir meinen, irgendwo eine Schwäche zu spüren, kann insgeheim gerade in ihr eine große Stärke liegen. Das heißt, uns allen stehen verschiedene Kräfte zur Verfügung, doch müssen wir darauf achten, wie und in welcher Art und Weise wir sie für uns in Anspruch nehmen, damit sie uns dienen. Wir können mit diesen Energien etwas Gutes für uns und andere tun, wir können darauf achten, dass sie unser Leben bereichern und nicht schmälern. So werden wir mit ihrer Hilfe letztendlich zum »Gewinner«. Für das eigene Leben heißt gewinnen: sich ganz individuell, ganz einzigartig, als die und der sie und er gemeint ist, zu entwickeln, alles, was an Begabungen angelegt ist, heraus zu holen, zu fördern und schließlich mit sich selbst und der Welt in Einklang und Frieden zu sein.

Um dies zu erreichen, lohnt es sich bestimmt, das Thema und das »Drehbuch« des eigenen Lebens kennen zu lernen, sich also dazu die Geschichten anzuschauen, die uns auf unserem bisherigen Lebensweg begleitet haben.

Ich wünsche Ihnen für diese spannende Suche viel Neugierde und viel Freude.

Die Lebensmutter

Frau Holle ist das Märchen, das vielen von uns »in die Kindheit scheint« (Bloch), schmerzlich und tröstlich, und immer in Verbindung mit dem Schnee, der uns als Kindern das Schlitten- und Skifahren verhieß! In diesem Märchen tritt Frau Holle als Schneemacherin auf. Schneeflocken sind ihre Bettfedern, die beim Aufschütteln umherwirbeln. Goldmarie, die Heldin unseres Märchens, ist es gewesen, die Holles Federbetten aufs schönste aufzuschütteln wusste. Pechmarie dagegen war zu faul dazu. Seltsam allerdings – und darüber haben sich viele gewundert, auch ich selbst als Kind –, dass Frau Holle, die den Schnee vom Himmel schickt, zugleich unter der Erde wohnt, in einem geheimnisvollen, fruchtbar schönen Gartenland, das man nur durch einen tiefen Brunnen hindurch erreichen kann. Es ist wie ein zweites, unterirdisches Land, in dem es alles gibt, wie auf der Erde auch: Apfelbäume, Backöfen und Betten ... Und doch ist alles anders dort unten, nämlich anders als Goldmarie und auch Pechmarie es auf der Erde erleben, eine »Anderswelt«: Dort unten herrschen umgekehrte Maßstäbe als oben. Gerechtere?

Manche Kinder erinnern sich, geweint zu haben, als sie von Pechmaries Los hörten[1], die, einmal mit Pech überschüttet, den Schmutz ihr Leben lang nicht mehr losbekam. Gewiss, sie war faul und ungehorsam. Aber welches Kind wäre das nie?

Andere gönnten es ihr, das Pech, solche vor allem, die sich selbst über eine faule – meist jüngere – Schwester geärgert hatten; solche aber auch, die sich, wie Goldmarie, von ihrer eigenen Mutter ungerecht behandelt gefühlt haben, als ein »Aschenputtel« in ihrem Elternhaus, das alle ungeliebte Arbeit, die ja irgend jemand machen musste, auf sich nahm und doch nie richtig Dank dafür bekam.[2]

Um Gerechtigkeit scheint es in dem Märchen zu gehen, doch sicher nicht in dem eindeutigen Sinne, in dem Drewermann[3] in seiner Interpretation des Märchens verfährt, wonach Goldmarie die reine, leuchtende Sonne verkörpere und Pechmarie den dunklen, fleckigen Mond. In dem Märchen gehe es darum, dass die Sonne als das gute, strahlende Lebensprinzip schließlich ihr Recht bekommt und der Mond mit seinem abgeleiteten, ja angemaßten Licht Unrecht. Gewiss schimmert durch das Märchen ein alter Jahreszeitenmythos, ein alter Sonnenmythos wie auch in dem österreichischen Märchen »Die Sonnenmutter«[4], doch liegen die Dinge hier differenzierter.

Worum geht es? »Frau Holle« ist ein Märchen, in dem keine Männer vorkommen, es sei denn ein aus dem Schweigen zu erschließender, verstorbener Mann und Vater, da das Märchen mit der Erwähnung einer »Witwe« beginnt, die zwei Töchter hatte. Das männliche Prinzip ist hier jedenfalls gründlich abwesend, das Märchen schweigt sich darüber aus. Auch zuletzt erscheint kein erlösender Prinz, weder für Goldmarie noch für Pechmarie, und auch die Mutter findet keinen zweiten Mann.

Es ist, als spiele die Märchenhandlung zunächst in einer »matriarchalen Ursituation«, zu Beginn der Pubertät dieser beiden Mädchen, vielleicht in jener ersten Phase, in der sie sich normalerweise in der Intimität zwischen Müttern und Töchtern abspielt, noch diesseits einer erotischen Begegnung mit Männern und möglicher Konflikte mit dem Vater.

In diesem Märchen geht es darum, über die persönliche Mutter – ob sie nun eher positiv oder eher negativ erfahren wird – hinauszugelangen und in Kontakt mit der überpersönlichen Lebensmutter zu kommen, die hier Frau Holle heißt. Sie vermag auch Defizite in der Begegnung mit der persönlichen Mutter auszugleichen. Das Märchen trägt Züge einer Initiation junger Frauen in ihre Weiblichkeit durch eine erfahrene, weise Frau, die mehr ist als ein gewöhnlicher Mensch.

Reiches kultur- und religionsgeschichtliches Material deutet darauf hin, dass sich in Frau Holle eine alte germanische Göttin[5] verbirgt, Frau Hulda, Frau Huldre, die Huldvolle, Holde, die Menschenfreundliche. Ihr also werden die Mädchen beim Eintritt in ihre weibliche Reifungsphase anvertraut. Die blutige Spindel und das Blut am Finger werden immer wieder mit dem Einsetzen der Menstruation in Verbindung gebracht.[6] Vom Eintritt der Menstruation an also bedarf das Mädchen – so sagt uns das Märchen – des Kontaktes mit einer größeren Mutter, als die eigene Mutter es sein kann; es bedarf einer Einführung, einer Initiation in die Gesetzmäßigkeiten des Lebens, des weiblichen zumal. Es soll teilhaben und mitwirken lernen am Schaffen der großen Lebensmutter, des Lebens selbst.

Ist »Frau Holle« demnach ein Märchen nur für Frauen? Es scheint, als ob es tatsächlich von Frauen noch intimer, noch genuiner verstanden und nachvollzogen werden könnte als von Männern. Andererseits war ich nicht wenig erstaunt, als sich bei einem Märchenseminar über »Frau Holle«, bei dem auch Zugänge über eigene Erfahrungen wie Imaginieren und Malen vorgesehen waren, nicht weniger als ein Drittel männlicher Teilnehmer einfanden.

Vielleicht hatten diese Teilnehmer, die sich bereitwillig auf das Märchen einließen, eine Erwartung gerade an dieses Frauenmärchen, ja die Sehnsucht, an Erfahrungen teilzunehmen, die weibliche Identität, weibliche Autonomie begründen. Vielleicht berührt dieses Märchen aber auch weibliche Seiten in ihrer Psyche, die mit Goldmarie und Pechmarie zusammen in den Brunnen springen will, um ebenfalls der größeren Lebensmutter zu begegnen, die ihre persönliche Mutter überragt. Groß und beeindruckend, auch für die Frauen, war in dieser Gruppe der Respekt der Männer vor der Begegnung mit Frau Holle, der weisen Frau mit den unheimlich großen Zähnen. Lebenswichtig schien diese Begegnung auch für sie, doch unter einem etwas anderen Aspekt als für die Frauen.

Für Frauen bildet es die Basis ihrer Identität, sich zu allererst einmal vom Weiblichen, von der Großen Mutter herleiten zu können – auch und gerade in unserer Zeit, die gängigerweise noch immer den Mann höher achtet als die Frau. Einer Frau, die sich an der Basis ihres Wesens vom Mann, vom Vater, von der männlichen Autorität oder der erotischen Aufmerksamkeit des Partners herleitet, kann es passieren, dass sie zeitlebens eine unechte, eine abgeleitete Identität behält und im Sinne des Märchens eine Pechmarie bleibt. Zur Goldmarie wird dagegen die Frau, die Frau Holles Akzeptanz, Frau Holles Segen zu erwerben vermag.

Auffällig war in dem Seminar auch, dass das Problem der Gerechtigkeit den beiden Mädchen gegenüber, das Drewermann in die Mitte seiner Interpretation rückt[7], die Männer stärker beschäftigte als die Frauen. Daher rührt offenbar auch die ritterlich-emanzipatorische These, die seinerzeit der Politologe Iring Fetscher in seinem ironischen »Pech-Marie-Report«, einem Plädoyer für Pech-Marie, vertrat, sie atmet womöglich männlichen Geist:

»Das Märchen von Frau Holle hat zahllose Generationen von braven Hausmütterchen und gehorsamen Hausgehilfinnen erzogen… Der Volkskundler, der den wahren Ursprung dieser verdächtig brauchbaren Märchenerzählung zu entdecken sucht, hält vergebens Ausschau … nach einem emanzipatorischen Kern«, und er erläutert das Gesagte noch weiter aus Pech-Maries Perspektive: »Das Schlimmste aber waren die Federbetten. Die lagen Frau Holle besonders am Herzen. Jeden Vormittag musste ich sie gründlich ausschütteln – bis die Federn flogen … Wahrscheinlich hatte Frau Holle eine heimliche Freude an dieser ganz und gar sinnlosen monotonen Tätigkeit.«[8]

Gewiss, auch Frauen wehren sich oft spontan – auch beim ersten Wiederlesen dieses Märchens – gegen die Rollenzuweisung der Hausfrau, die das Märchen zu bestätigen und zu verstärken scheint. Um so überraschender ist es, dass bei näherem Zusehen unter den Frauen oftmals auch eine gegenteilige Regung aufkommt: nämlich Ärger gegenüber der üblich gewordenen Abwertung hauswirtschaftlichen Tuns, wie sie in unserer Zivilisation gang und gäbe geworden ist. Muss denn nicht irgend jemand die tägliche Arbeit tun, Sorge tragen für die elementaren Dinge des Lebens, die unsere Lebensqualität ausmachen, Essen und Trinken zubereiten, die Dinge in Ordnung halten? Und wie soll ein Mann je dazu gewonnen werden, seinen Teil zu übernehmen, wenn wir Frauen selbst dieses Tun entwerten?

Bei genauerem Hinsehen spricht, wie wir feststellen werden, dieses Märchen auch nicht von irgendeiner Rollenzuweisung an Frauen, sondern vielmehr vom Ruf der Dinge, der Äpfel und der Brote, der von einem verantwortlichen Menschen gehört und aufgenommen werden will. Es geht darum, die Früchte, die reif geworden, die Lebensmittel, die zubereitet sind, nicht verkommen zu lassen. Wer möchte nach all der Mühe mit dem Säen und Ernten, dem Mähen und Dreschen, dem Mahlen und Kneten schließlich verbranntes Brot aus dem Ofen holen, nur weil die rechte Zeit, es herauszuholen, versäumt worden ist? Die Zeit wahrzunehmen, in der sie ausgebacken sind, zu tun, was getan werden muss um des Lebens willen: das ist es, was Frau Holle erwartet und lehrt, eine Meisterin der reifenden Dinge, der Jahreszeiten, der Lebenszyklen. Die reifen Dinge zu bergen und einzuholen: das ist offenbar etwas Großes, nichts Geringeres als ein Mitwirken, ein Mittun am Tun und Wirken der weisen Frau, der Göttin des Lebens selbst.

Frau Holle

Ein Märchen der Brüder Grimm

Ich gebe das Märchen, das den Brüdern Grimm von Dorothee (Dörthchen) Wild in deren Kasseler Garten erzählt wurde, in der Fassung wieder, die ihm in der zweiten Auflage des ersten Grimmschen Märchenbandes von 1819 gegeben wurde.[1]

Eine Witwe hatte zwei Töchter, davon war die eine schön und fleißig, die andere hässlich und faul. Sie hatte aber die hässliche und faule, weil sie ihre rechte Tochter war, viel lieber, und die andere musste alle Arbeit tun und war recht der Aschenputtel im Haus. Es musste sich täglich hinaus auf die große Straße bei einem Brunnen setzen und so viel spinnen, dass ihm das Blut aus den Fingern sprang. Nun trug es sich zu, dass die Spule einmal ganz blutig war, da bückte es sich damit in den Brunnen und wollte sie abwaschen, sie sprang ihm aber aus der Hand und fiel hinab. Weinend lief es zur Stiefmutter und erzählte ihr das Unglück, sie schalt es aber heftig und war so unbarmherzig, dass sie sprach: »Hast du die Spule hinunterfallen lassen, so hol sie auch wieder herauf.« Da ging das Mädchen zu dem Brunnen zurück und wusste nicht, was es anfangen sollte, und sprang in seiner Angst in den Brunnen hinein. Als es erwachte und wieder zu sich selber kam, war es auf einer schönen Wiese, da schien die Sonne und waren tausend Blumen. Auf der Wiese ging es fort und kam zu einem Backofen, der war voller Brot; das Brot aber rief: »Ach! zieh mich 'raus, zieh mich 'raus, sonst verbrenn' ich, ich bin schon längst ausgebacken!« Da trat es fleißig herzu und holte alles heraus. Danach ging es weiter und kam zu einem Baum, der hing voll Äpfel und rief ihm zu: »Ach! schüttel mich! schüttel mich! Wir Äpfel sind alle miteinander reif!« Da schüttelt' es den Baum, dass die Äpfel fielen, als regneten sie, so lang bis keiner mehr oben war, darnach ging es wieder fort. Endlich kam es zu einem kleinen Haus, daraus guckte eine alte Frau, weil sie aber so große Zähne hatte, ward ihm Angst und es wollte fortlaufen. Die alte Frau aber rief ihm nach: »Fürchte dich nicht, liebes Kind, bleib bei mir, wenn du alle Arbeit im Haus ordentlich tun willst, so soll dirs gut gehn: nur musst du Acht geben, dass du mein Bett gut machst, und es fleißig aufschüttelst, dass die Federn fliegen, dann schneit es in der Welt; ich bin die Frau Holle.« Weil die Alte so gut ihm zusprach, willigte das Mädchen ein und begab sich in ihren Dienst. Es besorgte auch alles nach ihrer Zufriedenheit und schüttelte ihr das Bett immer gewaltig auf, dafür hatte es auch ein gut Leben bei ihr, kein böses Wort und alle Tage Gesottenes und Gebratenes. Nun war es eine Zeitlang bei der Frau Holle, da ward es traurig in seinem Herzen und ob es hier gleich viel tausendmal besser war als zu Hause, so hatte es doch ein Verlangen dahin; endlich sagte es zu ihr: »Ich habe den Jammer nach Haus kriegt, und wenn es mir auch noch so gut hier geht, so kann ich doch nicht länger bleiben.« Die Frau Holle sagte: »Du hast Recht, und weil du mir so treu gedient hast, so will ich dich selbst wieder hinaufbringen.« Sie nahm es darauf bei der Hand und führte es vor ein großes Tor. Das ward aufgetan, und wie das Mädchen darunter stand, fiel ein gewaltiger Goldregen, und alles Gold blieb an ihm hängen, so dass es über und über davon bedeckt war. »Das sollst du haben, weil du so fleißig gewesen bist«, sprach die Frau Holle und gab ihm auch noch die Spule wieder, die ihm in den Brunnen gefallen war. Darauf ward das Tor verschlossen, und das Mädchen befand sich oben auf der Welt, nicht weit von seiner Mutter Haus, und als es in den Hof kam, saß der Hahn auf dem Brunnen und rief:

»Kikeriki!
unsere goldene Jungfrau ist wieder hie!«

Da ging es hinein zu seiner Mutter, und weil es so mit Gold bedeckt ankam, ward es gut aufgenommen.
Als die Mutter hörte, wie es zu dem Reichtum gekommen, wollte sie der andern hässlichen und faulen Tochter gern dasselbe Glück verschaffen, und sie musste sich auch an den Brunnen setzen und spinnen; damit ihr die Spule blutig ward, stach sie sich in die Finger und zerstieß sich die Hand an der Dornenhecke. Darnach warf sie sie in den Brunnen und sprang selber hinein. Sie kam, wie die andere, auf die schöne Wiese und ging auf demselben Pfad weiter. Als sie zu dem Backofen gelangte, schrie das Brod wieder: »Ach! zieh mich 'raus, zieh mich 'raus, sonst verbrenn ich, ich bin schon längst ausgebacken!« Die Faule aber antwortete: »Da hätt' ich Lust, mich schmutzig zu machen!« und ging fort. Bald kam sie zu dem Apfelbaum, der rief: »Ach! schüttel mich! schüttel mich! Wir Äpfel sind alle miteinander reif!« Sie antwortete aber: »Du kommst mir recht, es könnt mir einer auf den Kopf fallen!« ging damit weiter. Als sie vor der Frau Holle Haus kam, fürchtete sie sich nicht, weil sie von ihren großen Zähnen schon gehört hatte, und verdingte sich gleich zu ihr. Am ersten Tag tat sie sich Gewalt an und war fleißig und folgte der Frau Holle, wenn sie ihr etwas sagte, denn sie gedachte an das viele Gold, das sie ihr schenken würde; am zweiten Tag aber fing sie schon an zu faulenzen, am dritten noch mehr, da wollte sie Morgens gar nicht aufstehen, sie machte auch der Frau Holle das Bett schlecht und schüttelte es nicht recht, dass die Federn aufflogen. Das ward die Frau Holle bald müde und sagte

der Faulen den Dienst auf. Die war es wohl zufrieden und meinte, nun werde der Goldregen kommen, die Frau Holle führte sie auch zu dem Tor; als sie aber darunter stand, ward statt des Golds ein großer Kessel voll Pech ausgeschüttet. »Das ist zur Belohnung deiner Dienste«, sagte die Frau Holle und schloss das Tor zu. Da kam die Faule heim, ganz mit Pech bedeckt, und das hat ihr Lebtag nicht wieder abgehen wollen. Der Hahn aber auf dem Brunnen, als er sie sah, rief:

»Kikeriki!
unsere schmutzige Jungfrau ist wieder hie!«[2]

Den Ruf der Dinge hören

Goldmarie

»Es bleibt erstaunlich genug, dass sich so wenig Kinder über die gemeine Behandlung empören, die Pechmarie widerfährt«, so wundert sich Iring Fetscher in seinem schon erwähnten »Pech-Marie-Report«, eine Behandlung, »...die selbst dann völlig ungerechtfertigt gewesen wäre, wenn sie tatsächlich faul und widerwillig ihre Hausarbeit getan hätte. «Und er erläutert weiter: »Noch 1898 galt im Preußen-Deutschland eine altertümliche ›Gesindeordnung‹, die es u.a. dem Hauspersonal verbot, sich gewerkschaftlich zu organisieren. Pechmarie könnte zur Schutzheiligen einer emanzipatorischen Gewerkschaft und der Womans-Liberation werden. Sie verdient jedenfalls als ein doppeltes Opfer erinnert zu werden – einmal wegen ihres faktischen Schicksals und zum anderen wegen des böswilligen Rufmords...«[1] Soweit Iring Fetschers geistvoll-ironische Parodie, die nicht nur dem Märchen gilt, sondern zugleich jener seinerzeit so modischen Methode einer »emanzipatorischen« Literatur- und Märcheninterpretation.

Frauen von heute müssen sich jedoch über die Problematik der hier überlieferten Rolle nicht erst von einem Politikprofessor belehren lassen! In Frauengruppen, in denen das Holle-Märchen besprochen wird, zum Beispiel bei der Zürcher Psychotherapeutin Sonja Rüttner-Cova[2], sind Äußerungen wie die folgenden nicht selten: »Mir gefällt am Märchen die Pechmarie am besten. Für mich verkörpert sie eine Art ursprünglicher Vitalität.«[3] Oder: »Die Furchtlosigkeit der Pechmarie spricht mich an.«[4] Zuletzt noch eine dritte: »Als Kind spielten wir einmal als Theater Frau Holle.

Ich war die Pechmarie. Ich erinnere mich noch gut, wie sehr mir die Rolle gefiel. Ich genoss es, schlimme Wörter zu benutzen und frech und faul sein zu dürfen.«[5] In meinem Seminar zu dem Märchen malte eine Frau sich selber als Pechmarie, breitbeinig über Backofen und Apfelbaum stehend, die sie winzig klein darstellte. Dazu schrieb sie breit über das Blatt hin den Satz: »Ich stehe über den Dingen!« – Es war eine mutige Frau, die, als Mutter mehrerer Kinder, zu der Zeit noch eine Berufsausbildung begonnen hatte.

Von sensiblen Frauen wird neben der Freude an der nonkonformen Pechmarie doch auch die Tragik in deren Rolle empfunden, oft haben sie es schon als kleine Mädchen so erlebt: »Ich weinte im Kindergarten sehr viel wegen der Pechmarie. Noch heute tut sie mir so Leid, dass ich am liebsten weinen würde.«[6]

Sie lässt uns Frauen nicht kalt, löst in einer jeden etwas anderes aus, bis hin zu der Reaktion jener Frau, die als die ältere von zwei Schwestern dabei an ihre als bevorzugt erlebte jüngere Schwester denkt: »Ich finde es tröstlich, dass Mutters Liebling im Leben die Zweite macht. Als Erstgeborene genoss ich dieses Märchen immer sehr. In der Pechmarie sah ich meine jüngere Schwester, die für mich faul und verwöhnt war.«[7]

Bis zur Wiedererinnerung an unsere Stellung unter den Geschwistern und die entsprechenden Konflikte können also die Assoziationen reichen, die gerade dieses Märchen weckt. Pechmarie ist diejenige, die viele Frauen heute trotzig bevorzugen und die allenfalls von der Häme älterer, pflichtbewussterer Schwestern erneut diffamiert wird.

Und Goldmarie? Ist sie heute nicht diejenige, die für uns fast im Schatten steht? Sie, die »Brave«, die die gängige Frauenrolle restlos einlöst und uns zuletzt – von Gold und Glück überschüttet – fast »zu schön, um wahr zu sein« scheint? Sie, die unter dem Segen der Muttergöttin steht? »Wer, ich bitte Sie«, so könnte man da die trotzige Pechmarie im Hintergrund murmeln hören, »steht denn heute noch unter dem Segen einer Muttergöttin?« Ja, wer? Gibt es diesen Segen noch? Liegt es nicht näher, Goldmarie gegenüber heute fast so stiefmütterlich zu empfinden, wie ihre Mutter seinerzeit es tat, wenn sie sagte: »Das ist meine rechte Tochter nicht … «?

Wer aber ist die rechte Tochter? In welcher erkennen wir selber uns wieder?

Zwei Töchter

»Eine Witwe hatte zwei Töchter, davon war die eine schön und fleißig, die andere hässlich und faul. Sie hatte aber die hässliche und faule, weil sie ihre rechte Tochter war, viel lieber, und die andere musste alle Arbeit tun und war recht der Aschenputtel im Haus.«

Ein Märchen wie dieses altvertraute von Frau Holle will Schritt für Schritt neu gelesen werden, damit es sich in seiner Tiefendimension erschließen kann und nicht mit raschen Assoziationen seiner scheinbar vordergründigen Moral wegen abgewehrt werden muss. So soll es nun, Abschnitt für Abschnitt gelesen, auf seine Bilder hin befragt und auf die Gefühle, die es auslöst, abgehorcht werden, vielleicht, dass uns dann Goldmaries Schicksal auch heute noch nahe zu kommen vermag.

Dabei folge ich dem Gang der Handlung zunächst »objektstufig«, indem ich alle die Gestalten, die Goldmarie und später auch Pechmarie begegnen, als Gegenüber der beiden Mädchen ernst nehme, so wie sie die Erzählerin unseres Märchens, Dorothea Wild, beziehungsweise der Redaktor, Wilhelm Grimm[8], vor unserer Phantasie auftreten und miterleben lassen. Die »subjektstufige« Deutung, nach der man Goldmarie analog dem Ich einer Traumfolge betrachten könnte, der sich alle anderen Figuren als eigene innere Anteile zuordnen, folgt später. Nach der »subjektstufigen« Betrachtungsweise wäre Pechmarie z.B. nichts anderes als Goldmaries eigene Schattenseite.

Eine Witwe wird zu Anfang genannt. Der Vater fehlt, ist gestorben. Die schicksalhafte Mutterbindung der beiden Mädchen weist vielleicht auch auf ursprünglich matriarchale Verhältnisse zurück, die zur Entstehungszeit des Märchens – der Stoff mag sehr alt sein – noch erinnert werden, gewiss aber auf das »psychische Matriarchat« (Rüttner-Cova), das die frühen Jahre einer jeden Entwicklung bestimmt. Eine rein weibliche Welt tut sich vor uns auf: Zwei Töchter gehören zu dieser Mutter, die eine schön und fleißig, die andere hässlich und faul. Heute würden wir vielleicht eher »schön und faul« und »hässlich und fleißig« zusammennehmen, da es Schönheit in unserer Wirklichkeit einem Mädchen leichter zu machen scheint, sich vor Hausarbeit und Pflichten zu drücken, als Hässlichkeit. Hässlichkeit muss ja oft gerade durch peinlichste Pflichterfüllung und Leistungen kompensiert werden.

Hier könnten wir nur bereits fragen, ob Schönheit in den Märchen nicht mehr bedeutet als bloßes »gutes Aussehen«. Nach meiner Beobachtung ist Schönheit in den Märchen nahezu immer verbunden mit recht sein, richtig, wohlproportioniert. Es ist die Ausstrahlung des Menschen, der im Lot ist. Hässlichkeit heißt, nicht im Lot zu sein.

Der Vater fehlt. Das Drama der Alleinerziehenden ist oft, dass sie mit den Kindern, hier den Töchtern, zu eng zusammengespannt ist und eine gewisse Überhitzung der Beziehung entsteht. In der Ausgangssituation unseres Märchen kommt noch hinzu, dass offenbar nur die eine Tochter die richtige, die leibliche Tochter dieser verwitweten Frau ist, die andere hat ihr vermutlich der nun nicht mehr vorhandene Mann in die Ehe gebracht. Nun ist es in der Tat so, dass Mütter und Väter oft auch stolz auf weniger gute Eigenschaften ihrer Kinder sind; Hauptsache, diese gleichen ihnen. So erzählte mir eine engagierte Lehrerin ganz ratlos von der Reaktion einer Mutter, der sie ihre Besorgnis wegen deren Tochter mitgeteilt hatte, die uninteressiert an der Schule war, faul und auffallend streitsüchtig. Die Mutter habe nur zustimmend und geradezu erfreut genickt: »Ja, so ist sie, genauso war ich auch!« Was kann man da noch sagen?

Zwei mögliche Einstellungen einer Mutter ihrer Tochter gegenüber werden in diesem ersten Satz des Märchens herausgestellt: Entweder hat sie ihre Tochter gern – »viel lieber als die andere« –, verwöhnt sie, fordert nichts von ihr, setzt ihr keine Grenzen, »weil sie ihre rechte Tochter war«, weil sie aus ihrem eigenen Fleisch und Blut ist. Im Grunde ihres Herzens ist diese Mutter vielleicht ähnlich eingestellt wie ihre Tochter; zumindest ersehnt sie auch für sich selbst Verwöhnung, nichts tun zu müssen, sondern einfach um ihrer selbst willen akzeptiert zu werden.

Gegenüber der anderen, der »schönen«, der umsichtigen Tochter, die ihr selbst gar nicht gleicht, ist sie dagegen unbarmherzig und ungerecht, lässt sie alle schmutzige, schwere Arbeit im Hause verrichten, Aschenputtel sein. Der Name »Aschenputtel«, vielleicht auch das gleichnamige Grimmsche Märchen, war also der letzten mündlichen Erzählerin des Holle-Märchens beziehungsweise den Brüdern Grimm wohlbekannt. Ein »Aschenputtel«, das könnte ein Mädchen sein, das in der Asche stochert, wie es die Hühner tun, um auch nur ein genießbares Körnchen darin zu finden. In dem Märchen »Aschenputtel« wird dessen Lebenssituation so beschrieben: »Da musste es von Morgen bis Abend schwere Arbeit tun, früh vor Tag aufstehen, Wasser tragen, Feuer anmachen, kochen und waschen. Obendrein taten ihm die Schwestern alles ersinnliche Herzeleid an, verspotteten es und schütteten ihm die Erbsen und Linsen in die Asche, so dass es sitzen und sie wieder auslesen musste.

Abends, wenn es sich müde gearbeitet hatte, kam es in kein Bett, sondern musste sich neben den Herd in die Asche legen. Und weil es darum immer staubig und schmutzig aussah, nannten sie es Aschenputtel.«[9]

An dieser Stelle des Märchens bereits springen in vielen Leserinnen und auch Lesern die Emotionen hoch, die mit ihrer jeweiligen Stellung gegenüber der Mutter im Rahmen ihres Geschwisterkreises zusammenhängen. So bei jener schon genannten älteren Schwester, die ein Leben lang die jüngere als die von der Mutter geliebtere ansah: »Ich finde es tröstlich, dass Mutters Liebling im Leben die Zweite macht.«[10] Sofort fügt eine andere hinzu: »Wenn es Arbeit gab, musste meine jüngere Schwester immer gerade aufs Klo, wo sie dann stundenlang blieb.« Eine andere sieht sich selbst als Mutters Liebling und dabei ganz in der Rolle der Pechmarie: »Ich bin die Pechmarie. Ich war der Liebling der Mutter und wurde derart verwöhnt, dass ich später Jahre brauchte, um meine eigene Aktivität zu entfalten.«[11]

An die eine also werden keine Anforderungen gestellt, an die andere jedwede. Seltsamerweise entwickeln sich in diesem Märchen die jungen Frauen gleichsam quer zur Einstellung der Mutter, zu ihrer Verwöhnung oder Vernachlässigung. Schon hier stellt sich die Frage, ob es in diesem Märchen nach den Gesetzen der Entwicklungspsychologie zugeht oder nicht vielmehr nach archetypischen Zusammenhängen. Muss sich nicht in dem Mädchen, das eine negative Erfahrung an der persönlichen (Stief-)Mutter machte, das einen »negativen Mutterkomplex« mitbekam, die Sehnsucht nach einem überpersönlichen archetypischen Mutterbild früher und stärker erheben als bei einem Mädchen mit positiven Erfahrungen an der eigenen Mutter? Doch um diese Frage beantworten zu können, müssen wir der Handlung des Märchens und seinem Symbolzusammenhang zuerst noch genauer folgen.

Die blutige Spule

»Es musste sich täglich hinaus auf die große Straße bei einem Brunnen setzen und so viel spinnen, dass ihm das Blut aus den Fingern sprang. Nun trug es sich zu, dass die Spule einmal ganz blutig war, da bückte es sich damit in den Brunnen und wollte sie abwaschen, sie sprang ihm aber aus der Hand und fiel hinab.«

Eine seltsame Situation: Täglich muss dieses Mädchen heraus aus dem Haus, aus der Geborgenheit der Familie – muss seinen Lebensfaden selbst spinnen. Es ist »auf der großen Straße«, wie ausgesetzt.[12] Draußen an der Lebensstraße, am großen Lebensweg, muss sie sitzen, unfreiwillig wohl – und fest gebannt durch ihre nicht endende Arbeit mit der Spindel. Mit dem Spinnen wird dem Mädchen eine uralte und urweibliche Tätigkeit auferlegt. »Die Spindel war Rangabzeichen der Hausfrau und wurde ihr mit ins Grab gegeben. Im Mittelalter hießen die Verwandten väterlicherseits die Schwertmagen, und die Verwandten mütterlicherseits die Spindelmagen. In den alten deutschen Rechtsbüchern ist die Spindel auch ein Rechtssymbol.«[13]

Dadurch, dass das Mädchen »draußen« arbeitet, kommt es in die Nähe des Brunnens. Es muss wohl hinaus, weil es dort die Flachsfäden immer wieder anfeuchten und auch sich selber waschen kann. Es gab seinerzeit gewiss kein fließendes Wasser in den Häusern! Der Brunnen war früher – und ist es in afrikanischen Dorfgemeinschaften heute noch – der Ort, wo sich das Leben konzentriert, wo man sich trifft und austauscht[14], vor allem aber, wo man das lebenswichtige Wasser aus der Tiefe schöpft. Hier sprudelt, symbolisch gesprochen, das Leben selbst, hier ist zugleich der Zugang zu einer Tiefe des Erlebens, die über jede Alltagserfahrung hinausreicht. Dieser Versammlungsort der wasserschöpfenden Frauen reicht in die Erde und damit in die Symbolik des

Weiblichen hinein. Hier nun, an diesem Ort der Frauen, sitzt dieses Mädchen, das bisher vom Leben so stiefmütterlich behandelt worden ist, und spinnt.

Immerhin wurde es von seiner wenig wohlwollenden Mutter dorthin verwiesen. Es ist der Brunnen, in den hinein die Königstochter des Froschkönig-Märchens[15] ihre goldene Kugel, Symbol ihrer in sich abgeschlossenen Kindheit, verliert; es ist der Brunnen, in dem die zur Hässlichkeit verwunschene »Trulle« des Grimmschen Märchens »Die Gänsemagd am Brunnen«[16] ihre zweite Haut vom Gesicht waschen kann, bis ihre ursprüngliche Schönheit wieder hervortritt.

Die unbarmherzige Forderung der Mutter, von dem Mädchen vielleicht bereits verinnerlicht, veranlasst es, sich so sehr abzumühen, dass ihm beim Spinnen das Blut aus dem Finger springt. Und eines Tages ist die Spule so blutig geworden, dass sich das Mädchen nicht anders zu helfen weiß, als sie im Brunnen abzuwaschen. Dabei aber – vielleicht vor lauter Überanstrengung, vor innerem Zorn auch – geschieht es, dass das Mädchen die Spule verliert, dass diese sich gleichsam selbständig macht. Sie springt ihm aus der Hand – wie vorher das Blut – und fällt hinab in die Tiefe des Brunnens. Die Verzweiflung des Mädchens in seiner Angst vor der Mutter können wir uns vorstellen!

In den Brunnen fiel auch die goldene Kugel der Prinzessin im Froschkönig-Märchen. So fällt nun auch unserer Marie die blutig gewordene Spule aus der Hand, die Lebensspule, die auf einmal den »roten Faden« (der sie fortan begleitenden Menstruation?) enthält, so dass sie sie reinigen muss am Lebensbrunnen. Auch Dornröschen[17] wird von der alten Spinnerin im Turm gestochen, das Blut am Finger steht auch hier in Verbindung mit dem Spinnen des Lebensfadens, worauf das Mädchen hier jedoch in die Ohnmacht eines hundertjährigen Schlafes verfällt.

Immer wieder assoziieren Mädchen und Frauen mit der blutigen Spule, dem blutigen Finger, die Menstruation: »Bei diesem Bild muss ich immer an die Menstruation denken. Ich weiß noch, wie allein ich mich bei meiner ersten Mens fühlte. Ich schämte mich wie das Mädchen im Märchen. Auch ich eilte zur Mutter. Sie reagierte schroff mit den Worten: ›Jetzt fängt das bei dir auch schon an‹.«[18] Am Finger, mit dem sie die Ursache der unvermuteten Blutung suchen, entdecken viele Mädchen ihre erste Menstruation. Andererseits gehört der blutende Finger ganz profan auch in das Umfeld der Näharbeiten mit der Nadel, früher des Spinnenlernens – Arbeiten, die für viele Mädchen zugleich die Zeit des Übergangs von der Kindheit zur Pubertät markierten.

Erinnerungen also verbinden sich damit, auch an die körperlichen Reifungsvorgänge zur Zeit der Pubertät. Aus einer anderen Frau holt die Märchenszene die folgende Erinnerung hervor: »Ich wollte nicht Frau werden. Das Mädchen schämt sich ob der blutigen Spindel. Ist es nicht auch so, als ob sie nicht Frau sein will? Mit dem Waschen will sie etwas ungeschehen machen. Doch das geht nicht. Sie verliert die Spindel…«[19]

Das Mädchen jedenfalls läuft in seiner Not trotz aller Angst zur Mutter, wie es für viele Mädchen nur natürlich ist: »Mutter, schau doch, ob ich mich nicht verletzt habe«, so fragte ein anderes Mädchen bei der Entdeckung des ersten Blutens. Es hat die spontane Sehnsucht, gerade im Schmerz am Erfahrungsschatz der Mutter teilzunehmen. So will auch Marie, allen negativen Erlebnissen mit ihrer Mutter zum Trotz, sich ihr anvertrauen und versucht, an das Mütterliche auch in dieser »Rabenmutter« zu appellieren.

Der Sprung in den Brunnen

»Weinend lief es zur Stiefmutter, und erzählte ihr das Unglück. Sie schalt es aber heftig und war so unbarmherzig, dass sie sprach: ›Hast du die Spule hinunterfallen las-

sen, so hol' sie auch wieder herauf.‹ Da ging das Mädchen zu dem Brunnen zurück und wusste nicht, was es anfangen sollte, und sprang in seiner Angst in den Brunnen hinein.«

Erbarmungslos verweist die stiefmütterliche Frau das Mädchen dorthin zurück, wo es das Gerät, mit dem es den Lebensfaden zu spinnen vermag, verloren hat, wohin es ihm, sich verselbstständigend, entsprungen ist. Es ist, als wäre es ihr vorausgesprungen wie die goldene Kugel im Froschkönig-Märchen[20], die der untröstlichen Prinzessin vorausrollt, in ihr Schicksal hinein. So grausam das ist, das Mädchen gelangt dadurch auf seinen eigenen Weg, gerät in seine eigene Tiefe. »Herzensangst« erfüllt das Mädchen[21], tiefste Angst, von der Mutter für immer verstoßen worden zu sein. Irgendwie empfindet auch Marie es einfach als lebensnotwendig, die Spule wieder zu erlangen. Darum springt sie mit dem Mut der Verzweiflung – auch auf das Risiko hin, dabei umzukommen – in den Brunnen hinein. Vielleicht ist doch auch ein suizidaler Impuls dabei, das Mädchen weiß sich nicht mehr zu helfen. So driften von der Mutter unverstandene Mädchen manchmal ab in die lebensgefährliche Magersucht, in Drogensucht und in andere Formen der Sehnsucht nach dem Tod, hinter der immer auch eine Sehnsucht nach einer »größeren Mutter«, nach Tiefe steht, um dieses bisherige Leben zu unterwandern, es nach seiner abgründigen Seite hin zu transzendieren.

Brunnenschächte können sehr tief sein bis hinab zum Wasserspiegel. Ich erinnere mich an einen Brunnen in der Sahara, bei dem es sekundenlang dauerte, bis der hinabgeworfene Stein hörbar auf die Wasserfläche prallte. Sich in solch einen Schacht hinabzustürzen brauchte verwegenen Mut. Auch das Wasser im Brunnen kann sehr tief sein, so dass man noch ein erhebliches Stück hinuntertauchen müsste, um auf den Grund des Brunnens zu kommen und dort gar eine Spindel zu finden. Das geschähe noch dazu in völliger Dunkelheit. Die Chance, die Spule wiederzufinden, ist also gering und der Sprung in den Brunnen eine Verzweiflungstat. Vermutlich wird das Mädchen sich zu Tode stürzen, zumal es keine Möglichkeit hätte, wieder nach oben zu kommen – wenn es sich hier um einen gewöhnlichen Brunnen der Außenwirklichkeit handeln würde.

Der Brunnen ist aber mehr, ist Gefäß für das Grundwasser des Lebens, vielleicht für eine Quelle: Symbol für den Mutterleib, für die Mutterbrust, die stillen kann – und führt in die nährende Tiefe der Erde hinab, mit der sich seit jeher Muttersymbolik verbindet. In äußerster Verlassenheit von der persönlichen Mutter springt Marie also in die Tiefe einer überpersönlichen Mutter – eine Verzweiflungstat auf Leben und Tod. Mit diesem Spung wagt sie zugleich den Sprung in die Tiefe ihrer eigenen Seele, jenseits von Tagesbewusstsein und Alltagswirklichkeit.

Die Blumenwiese

»Als es erwachte und wieder zu sieh selber kam, war es auf einer schönen Wiese, da schien die Sonne und waren vieltausend Blumen.«

Das Mädchen kommt nicht um! Indem es die Besinnung verliert[22], ohnmächtig wird, erwacht es für die innere Welt. Dort bieten sich ihm eine Schönheit und Fülle dar, die ihm die Außenwelt nie bot. In der inneren Welt entdeckt Marie zugleich die innere, die überpersönliche Mutter in Gestalt der Mutter Natur: eine sonnige Wiese, übervoll mit Blumen.

In solchen Bildern – gewissermaßen paradiesisch – wird in den Märchen unseres Kulturraumes immer wieder der innere Ort der »Urmutter«, der Alten Weisen, geschildert, zum Beispiel in den beiden Grimmschen Märchen »Die

Gänsemagd am Brunnen« und »Die Nixe im Teich«[23]. Es sind Bilder, die zugleich auf die Verbundenheit mit der frühen Mutter, auf die Geborgenheit und das Gestilltsein bei ihr zurückweisen – oder aber, beim ungestillten Kind, vorausweisen auf etwas, »das allen in die Kindheit scheint und worin noch niemand war: Heimat« (Ernst Bloch). Hier scheint die Sonne, hier vermag Goldmarie, nach der Dunkelheit des Brunnens, die auch für die völlige Unübersichtlichkeit ihrer Situation steht, wieder zu sehen. Hier, auf der Wiese, kommt sie wieder zu sich selbst. Es ist bezeichnend, dass auch im »katathymen Bilderleben« nach Hanscarl Leuner[24], einer Methode der Imagination, mit dem Motiv der Wiese begonnen wird, einem Bild, in dessen Ruhe und Geborgenheit ein Heimatgefühl aufkommen, ein Wieder-zu-sich-Kommen gelingen kann.

Hier blühen »vieltausend Blumen«. Das Blühende, Farbige, Freudige des Lebens tut sich dem bisher so geplagten Mädchen zum ersten Mal auf, und es vermag das kaum zu fassen. Es ist Frühling geworden in ihrem Leben, unmittelbar nach dem Sturz. Die Bilder drücken aus, dass sie sich wie neugeboren fühlt – so wie es manchmal nach einer schweren Krankheitskrise, selbst nach einem Suizidversuch, geschehen kann.

Der Backofen

»Auf der Wiese ging es fort und kam zu einem Backofen, der war voller Brot; das Brot aber rief: ›Ach! zieh mich raus, zieh mich raus, ich bin schon längst ausgebacken!‹ Da trat es fleißig herzu und holte alles heraus.«

Der Backofen ruft, dass es Zeit sei, das Brot herauszunehmen. Da reagiert die umsichtige, im Umgang mit allem Lebensnotwendigen vertraute Marie mit großer Selbstverständlichkeit. Wer könnte sorgsam zubereitetes, ausgebackenes Brot verkohlen und verbrennen lassen! Gewiss nicht Marie, selbst wenn es nicht der eigene Backofen, nicht das eigene Brot ist. Hier zeigt sich die Art dieses Mädchens, das weiß, was an der Zeit ist, was not tut, und das auch entsprechend handelt. Sie tut, wonach das Brot selber ruft. Sie tut, was getan werden muss. In diesem Land unter der Erde, im Reich der Mutter Natur, gibt es – gleichsam von selbst – endlich genug zu essen, gibt es orale Befriedigung für dieses stiefmütterlich behandelte Mädchen, das bei seiner bisherigen Mutter – zumindest emotional – noch nie satt werden konnte.

Brot, das uralte Grundnahrungsmittel, steht für Nahrung schlechthin, es ist das, was die überwiegende Mehrzahl der Deutschen laut Umfrageergebnis noch heute als das tägliche Brot morgens und abends, zwischendurch als Brotzeit und noch mittags als Zugabe auf den Tisch bringt. Viele backen ja heute ihr Brot wieder selbst, sie wollen wieder teilhaben an den ehrwürdigen Wandlungsvorgängen vom Korn zum Mehl, vom Mehl zum Sauerteig, vom Sauerteig zum Brot. Am Backen teilzuhaben führt in der Tat in elementare Lebensvorgänge hinein.

Ein Backofen, in dem das Brot bäckt, bedeutet noch mehr.[25] Er ist, noch deutlicher als der Brunnen, zugleich ein Symbol des mütterlichen Leibes, in dem ein Kind ausgetragen wird. Alter Fruchtbarkeitszauber verband das Brotbacken mit dem Kinderkriegen – ein Vorgang, nach dem dieses wenig gewärmte Mädchen sich sehnt und der hier bereits nach der Geburtshilfe und Mitarbeit des Mädchens ruft. Wie der Brunnen bildet auch der Ofen ein Zentrum weiblichen Tuns. Ehe es männliche Bäcker gab, gab es jahrtausendelang die Bäckerinnen. Dazu fällt mir ein Bekannter ein, der heute, nach dem Tod seiner Frau, sein Brot selber bäckt. So glaubt er Anteil am weiblichen Tun zu gewinnen, dessen er in seiner Isolierung so dringend bedarf.

Für unser Mädchen bedeutet die Szene vielleicht auch dieses: Es will und soll erkennen, dass die Zeit des Gewärmtwerdens im Mutterleib – und sei sie noch so kurz bemessen gewesen – abgeschlossen ist, dass nun ein neues Brot ausgebacken ist, das es jetzt herausholen soll und später im Haus der Holle wird verzehren können. Sie muss den Ruf der Dinge, die reif sind, ernst nehmen und wahrnehmen. »Sonst verbrenne ich«, schreit das Brot. Sie ist reif geworden zum eigenen Frausein und damit zugleich zur Ablösung von der Stiefmutter beziehungsweise von der negativ erlebten Seite der Mutter, die, wenn nun gar die Abwertung von Hausarbeit durch Vater und Brüder hinzukommt, manche Mädchen daran hindert, je ein positives Verhältnis zu weiblichem Tun und Wirtschaften zu finden. Sie selber ist es nun, die des Brotes und des Ofens wartet – darin erinnert sie an das uralte weibliche, ja priesterliche Tun des Herdhütens, wie es zum Beispiel von den Vestalinnen Roms überliefert ist.

Der Apfelbaum

»Da ging es weiter und kam zu einem Baum, der hing voll Äpfel und rief ihm zu: ›Ach! Schüttel mich! Schüttel mich! Wir Äpfel sind alle miteinander reif.‹ Da schüttelt' es den Baum, dass die Äpfel fielen, als regneten sie, so lang, bis keiner mehr oben war; danach ging es wieder weiter.«

Paralleles, aber auch Weiterführendes ereignet sich in der nächsten Szene, in der das Mädchen bei seiner Wanderung auf einen Apfelbaum trifft. Reifes Obst zu sehen, Früchte, die der Ofen des Sommers und des frühen Herbstes gebacken hat, bedeutet für Marie, den gleichen »Ruf der Dinge« zu vernehmen wie beim Brot. Sie schüttelt die Äpfel vom Baum und legt sie alle auf einen Haufen zusammen, wie es in der letzten Fassung dieses Märchens heißt, damit diejenige – wer immer es sei –, der diese Äpfel gehören, sie rasch einbringen kann.

Wieviel Obst lassen wir heute lieber an den Bäumen verfaulen, anstatt uns die Mühe zu machen, es zu ernten! Angesichts des reifen Obstes an den Bäumen wusste meine Mutter noch die ganze Familie verheißungsvoll zu einem Apfelfest einzuladen, um uns damit das zweifellos etwas mühsame Ableeren – das uns als Kinder einige Stunden des Spielens kostete – schmackhaft zu machen. Danach gab es Apfelbrei, Apfelstrudel oder etwas anderes aus Äpfeln, das wir gerne aßen. Heute sieht man dagegen überall in den Obstgegenden die ausgehängten Schilder, in denen die Obstbaumbesitzer zum »Selberpflücken« auffordern. Auf der anderen Seite ist für manche Apfelliebhaber – wer hat schon einen eigenen Apfelbaum im Garten – das Äpfelklauen beziehungsweise unaufgeforderte Selberableeren fremder Bäume etwas so Selbstverständliches geworden, dass sie mit Empörung reagieren, wenn der Besitzer einmal wieder selbst erntet: »Die Bauern sind heute auch nicht mehr, was sie einmal waren!« – So wandeln sich die Zeiten! Aber die Aufforderung der herbstgerecht gereiften Äpfel bleibt: »Leert uns ab, wir sind alle miteinander reif!«

Der Apfelbaum mit seinen reifen Äpfeln weist über die reale Apfelernte hinaus in eine übertragene Bedeutung.[26] Mit dem Apfelbaum verbindet sich schon längst vor der biblischen Sündenfallgeschichte die Symbolik des erwachenden Eros – so im alten Orient, wo der blühende Apfelbaum der Göttin Ishtar zugeordnet ist wie bei den Kelten der Iduna und bei den Germanen sowohl der Freya wie der Holle. Auch dies mag als Hinweis auf die Altersstufe des Mädchens zu sehen sein, auf das, was für sie jetzt reif zu werden beginnt. Mit dem Apfel ist die Symbolik von Tod wie von Unsterblichkeit verbunden. Der Genuss der Äpfel der Hesperiden machte unsterblich. Während der Apfel der biblischen Paradies-Geschichte das Wissen um Gut und Böse, um Sexualität und Tod, aber auch ewiges Leben verleiht.[27]

Marie begreift, welche Dinge der Natur reif sind und eingebracht werden wollen. Wir dürfen annehmen, dass ihr Weg von der frühlingshaften Blumenwiese am sommerlich heißen Backofen, dem reifen Korn, vorbei und schließlich zu dem herbstlichen Apfelbaum zugleich als ein Weg durch die Jahreszeiten zu verstehen ist, den sie auf ihrem Weg zu Frau Holle durchwandert, die ihr schließlich das Bettenaufschütteln, das den Schnee bringt, auftragen wird.

Frau Holles Haus

»Endlich kam es zu einem kleinen Haus, daraus guckte eine alte Frau, weil sie aber so große Zähne hatte, ward ihm Angst, und es wollte fortlaufen. Die alte Frau aber rief ihm nach: »Fürchte dich nicht, liebes Kind, bleib bei mir, wenn da alle Arbeit im Haus ordentlich tun willst, so soll dir's gut gehen: nur musst da achtgeben, dass da mein Bett gut machst, und es fleißig aufschüttelst, dass die Federn fliegen, dann schneit es in der Welt, ich bin die Frau Holle.‹ Weil die Alte so gut ihm zusprach, willigte das Mädchen ein und begab sich in ihren Dienst. Es besorgte auch alles nach ihrer Zufriedenheit und schüttelte ihr Bett immer gewaltig auf (»dass die Federn wie Schneeflocken umherflogen«, heißt es in der Grimmschen Fassung letzter Hand, I.R.), dafür hatte sie auch ein gut Leben bei ihr, kein böses Wort und alle Tage Gesottenes und Gebratenes.«

Hier also wohnt jemand – vermutlich die Besitzerin des Backofens und des Apfelbaumes, eine alte Frau, zu der auch wir nun hingeführt worden sind durch lauter Wegzeichen, lauter Symbole des Weiblich-Mütterlichen, und sie schaut aus dem Haus, hat Marie kommen sehen und blickt ihr entgegen. Das erste allerdings, was sie in dem Mädchen auslöst, ist große Furcht: Hat sie doch große Zähne!

Menschen mit großen Zähnen können etwas beängstigend wirken, haben sie doch ausgesprochen »Biss« und das deutliche Vermögen, zuzufassen. Es scheint etwas Wildes an ihnen zu sein. Umgekehrt bedeuten ja die sehr häufigen Träume vom Zahnausfall, dass jemand seine Vitalität bedroht sieht. Während alte Frauen häufig eher zahnlos sind – oder wohl noch einzelne, groß wirkende Zähne haben –, hat diese alte Frau mit ihren großen Zähnen offenbar ungeschmälerte Vitalität samt möglicher Aggressivität. Marie jedenfalls erschrickt vor ihr, zumal das Bild ihrer eigenen aggressiven Mutter bei diesem Anblick vor ihr aufsteigen mag. Die Begegnung mit dieser Alten nimmt jedoch eine ganz andere Wendung für das Mädchen, als es zunächst vermutet und befürchtet.

»Liebes Kind« – diese Anrede hört Marie vielleicht zum erstenmal in ihrem Leben. Das weckt ihr Zutrauen. Sie wird hier von vornherein, ehe sie etwas beweisen muss, als »lieb« bezeichnet; für Frau Holle ist sie jemand, den man mögen kann. »Bleib bei mir!« Das hört das Mädchen wohl auch zum erstenmal. Ihre Stiefmutter hat sie ja alle Morgen weggeschickt, zur Arbeit draußen am Brunnen, und sie zuletzt überhaupt verstoßen. Eine größere Mutter als ihre zu Hause zurückgelassene ruft sie an, lädt sie ein: die Mutter Leben!

Als Bedingung stellt sie nur diese: »Wenn du alle Arbeit im Haus ordentlich tun willst, so soll dir's gut gehen.« Die Arbeit im Haus – die Bedingung, wegen der manche Hörerinnen des Märchens an dieser Stelle aufbegehren – beherrscht sie ohnedies, sie ist ihr selbstverständlich, wie ihr umsichtiger, kundiger Umgang mit dem Brot im Ofen bewies. Für Marie ist das Neue, dass ihr hier versichert wird: »Dann soll dir's gut gehen!«

Der sorgsame Umgang mit ihrem Federbett ist Frau Holle besonders wichtig. Ob hier das »Bett der Liebe« mit gemeint ist, der künftige Umgang mit Eros und Sexualität, worin die »weise Alte«, wie das Grimmsche Märchen »Die Nixe im Teich« zeigt, äußerst kundig und eine einzigartige Lehrmeisterin ist[28], bleibt offen. Auch das Federvieh, die Gänse, sind Frau Holle heilig, wie wir aus anderen Märchen wissen[29], und sie wurden auch Aphrodite, der Göttin der Liebe, zugeordnet.

Aber im Vordergrund steht hier das Bettenschütteln, damit die Federn auffliegen und es in der Welt schneien kann. So erhält die schlummernde Natur im Winter ihre schützende Decke. Frau Holles Bett könnte man auch mit den Wolken assoziieren, deren Ausschüttungen Niederschläge bewirken und deren Aufschütteln durch die Luftbewegungen überhaupt Leben in die Welt bringt. Das Mädchen soll also am Wettermachen, wozu Frau Holle offenbar fähig ist, beteiligt werden, soll eine kleine Wetter-Hexe im Dienst der Frau Holle werden! Die Unterweltsfrau erweist sich zugleich als Oberweltsfrau, die es möglich macht, dass es aus dem oberirdischen Himmel schneit und regnet: Sie hat Macht über das Wetter, die Jahreszeiten.

Frau Holle, auch Hulda genannt, ist als des Wetters Mächtige, den Jahreslauf Regierende, nichts Geringeres als eine alte Göttin. Sie ist unter diesem Namen noch weithin bekannt, vor allem in Hessen und Thüringen, aber auch bis nach Skandinavien, wo sie auch Huldre genannt wird. Im Süden kennt man Frau Holle unter dem dort bekannteren Namen Frau Berchta.[30]

Unser Märchen stellt noch eine weitere ihrer Funktionen vor: Sie ist eine Art Initiationsmeisterin für das junge Mädchen an der Schwelle der Reifung zur Frau – für Marie, die nun der Stiefmutter und allen negativen Erfahrungen mit ihr entrückt ist in eine andere Sphäre der Welt, in die Brunnen-Tiefe ihrer eigenen Seele und damit in den Tiefenbereich der archetypischen größeren Mutter. Hier wächst sie hinein in den sorgenden, betreuenden Dienst an der Göttin, der zugleich Dienst an ihrer eigenen Weiblichkeit ist, sie stärkt und entfaltet. Der Göttin Sorge zu tragen heißt, ihrem eigenen Frausein Sorge zu tragen.

Gerade diese Stelle des Märchens fordert immer wieder den Widerspruch heutiger Frauen heraus: Soll denn wirklich gerade Hausfrauenarbeit den Segen der Göttin bringen? Doch bei näherem Zusehen gehen diese verständlichen Reaktionen an der Pointe des Märchens vorbei. Es geht bei Frau Holle schließlich nicht um irgendein Bett, sondern um das Bett der Göttin, damit der Schnee und alle Wetter der Jahreszeiten auch pünktlich kommen und das Leben gedeihen kann. Dienst am Leben galt den Frauen seinerzeit als Dienst an der Göttin, und alle lebensnotwendigen alltäglichen Verrichtungen waren ihnen nichts anderes als ein Mittun am Walten der Göttin, am »Sein selbst«, wie man die Wirklichkeit der Göttin heute umschreiben könnte.

Wenn wir beispielsweise heute so oft erleben, dass zur Winterzeit kein Schnee mehr kommt, so würden die weisen Frauen unter unseren Vorfahren den Grund dafür auch darin vermuten, dass sich niemand mehr richtig um das Bett der Göttin kümmert. Das Schneebett ist wichtig, damit trotz Frost die Winterruhe der Pflanzen und Tiere gewährleistet ist. Wichtig ist die regenerierende Ruhe der Göttin des Lebens. Märchen und deren Erzählerinnen sahen diese Vorgänge in enger Analogie, synchronisiert miteinander. Besteht aber nicht auch nach unserer heutigen Auffassung ein enger Zusammenhang zwischen der unübersehbaren Klimaveränderung, die den Schnee kaum mehr aufkommen lässt, und der Vernachlässigung unserer Verantwortung gegenüber der Natur? Die Botschaft des Märchens lautet ganz schlicht, dass wir Frauen mit unserem Tun dem größeren Leben dienen, der Göttin, und nicht einfach den (Stief-)Müttern, den Kindern oder gar den Männern, wenn wir im

Haus arbeiten, für Nahrung Sorge tragen und durch Bettenaufschütteln Bewegung in das Ganze bringen. (Nicht zu vergessen ist dabei, wie groß die Freude der Kinder am Schnee war und ist und was ihnen verlorenginge, wenn es nicht mehr schneite!)

Wir Frauen tun das, weil die Dinge selber uns rufen, die fertig gebackenen Brote, die erntebereiten Äpfel. Das schließt nicht aus, sondern ein, dass auch die Männer – als Bäcker, als Weber, als Gärtner – wieder in den Dienst der Göttin treten können, so gut wie sie früher in ihm standen. Die Bertholds, die Reinholds sind Männer, die – wie ihre Namen beweisen – ausdrücklich zu Frau Holles, Frau Berchtas Gefolgschaft gehörten.[31]

Für Frau Holle ist dieses Mädchen die »rechte Tochter«. Kein böses Wort bekommt Marie je von Frau Holle zu hören, im Gegensatz zu den barschen Worten der Stiefmutter, an die sie bisher gewöhnt war, und alle Tage gibt es ein Festessen, Gesottenes und Gebratenes. Für Menschen früherer Generationen waren tägliche Fleischgerichte der Gipfel der Verwöhnung. Es zeigt auch den Reichtum der Frau Holle an, dass bei ihr täglich so gut gegessen wurde. In mehreren Märchen erscheint sie auch als die Herrin der Tiere und der Pflanzen[32], so dass sie solche Köstlichkeiten täglich anbieten kann. Das macht die neue Erfahrung Maries bei Frau Holle aus: Sie arbeitet zwar so umsichtig an den elementaren Vorgängen des Lebens, wie sie es von jeher getan hat, aber sie erlebt dieses Mitwirken zugleich als gutes, erfülltes Leben, bei dem sie satt, ja verwöhnt wird. Außerdem erweitert sich ihr Betätigungsfeld; sie ist nun auch noch Obstgärtnerin und Bäckerin, und als Bettbereiterin sogar Wettermacherin wie die Frau Holle selbst geworden. Es lohnt sich also, in den Dienst des Lebens, der Frau Holle zu treten. Auch Bert Brecht beschreibt in seinem Stück »Der kaukasische Kreidekreis« ein ähnliches Zusammenwirken. Für ihn ist es allerdings eine Utopie, die sich erst in einer neuen Gesellschaftsordnung erfüllen wird: »Die Dinge sollen denen gehören, die den Dingen gut sind«, und weiter: »die Wagen denen, die gut fahren, die Kinder den Mütterlichen und das Tal den Bewässerern.«

Abschied

»Nun war es eine Zeitlang bei der Frau Holle, da ward es traurig in seinem Herzen und ob es ihm hier gleich vieltausendmal besser war als zu Haus, so hat es doch ein Verlangen dahin; endlich sagt es zu ihr: ›Ich habe den Jammer nach Haus kriegt, und wenn es mir auch noch so gut hier geht, so kann ich doch nicht länger bleiben.‹«

Ein ganzes Jahr hat das Mädchen bei Frau Holle zugebracht, hat alle Jahreszeiten mit deren Aufgaben und Möglichkeiten, mit deren Rhythmen und Veränderungen durchlebt, hat Einsicht, ja Können erworben in Frau Holles Tun.

Sehr fein wird die nun anstehende Veränderung durch eine vage Traurigkeit angedeutet, die Marie zunächst selbst nicht versteht. In der letzten Fassung des Märchen formuliert Grimm: »Und es wusste anfangs selbst nicht, was ihm fehlte; endlich merkte es, dass es Heimweh war.«[33]

Immer wieder deuten sich fällig werdende Lebensübergänge dadurch an, dass eine emotionale Verstimmung aufkommt, in der langsam ins Bewusstsein dringt, dass einem etwas fehlt. Eine Weile lang kann man, wie Marie, gar nicht sagen, was es ist. Aber an solcher Tristesse, die den äußerlich so guten Umständen zu widersprechen scheint, spüren wir, dass uns etwas fehlt. Schließlich merkt auch Marie, was es ist, nämlich »der Jammer nach Haus«. »Ich muss wieder hinauf zu den Meinigen«, heißt es in der letzten Fassung.[34]

Will Marie wirklich zurück zu ihrer Stiefmutter, oder einfach zurück zur Menschenwelt, in die Alltagswelt? Ein

Frühling war vergangen (Blumenwiese), ein Sommer (Korn und Brot), ein Herbst (Äpfel), ein Winter (Schnee). Nun sehnt sie sich nach dieser Zeit in der Innenwelt nach einem Wiederanfang, einem Frühling in der Oberwelt, der äußeren Wirklichkeit. Ein Kreis schließt sich, und es schimmert auch ein Jahreszeitenmythos durch das Märchen hindurch, wie in dem in manchen Zügen mit dem Holle-Märchen verwandten Demeter-Kore-Mythos.[35]

Schon nach einem langen, erfüllten Urlaub, der uns wie in eine fremde Welt entrückt hat, spüren wir die aufkommende Sehnsucht nach Hause, nach Alltag, nach Arbeit. Wir halten es in dieser ausgesonderten Wirklichkeit nicht mehr aus, sehnen uns wieder nach dem gewohnten Rahmen, aber auch nach Tätigsein, nach Wirksamwerden in der Arbeit. Die in der Ruhe neu gewonnenen Kräfte wollen genutzt, wollen angewandt werden. Nach jeder hoch intensiven äußeren oder inneren Erlebnisphase, einer Reise, die in völlig unbekannte Regionen, eine fremde Kultur, eine spirituelle Erfahrung führte oder in eine Therapie, meldet sich nach der Phase völliger Faszination irgendwann, vielleicht unerwartet, das Bedürfnis, wieder heimkehren zu dürfen in das Vertraute, in die eigene Kultur und in den Alltag, um das Erlernte weiterzugeben und anwenden zu können als Mensch unter Menschen. Sogar nach einer tiefgehenden Begegnung, die uns in ihren Bann schlug, einer überaus dichten, vitalisierenden Liebesbeziehung, kann der Wunsch entstehen, jetzt auch den Alltag miteinander erleben zu können, Arbeit und Verantwortung. Unweigerlich kommt auch das oft kaum zugegebene Bedürfnis auf, nach einem engen Aufeinander-Bezogensein wieder ein Stück Eigenleben zu haben.

Marie hat eine Erfahrung durchschritten, die etwas von all dem und darüber hinaus noch etwas Besonderes, Eigenes hat. Sie hat so etwas durchlebt wie einen tiefen, langen, archetypischen Traum, der sie mit der großen, gütigen Lebensmutter in Gestalt von Frau Holle in Kontakt gebracht hat. Sie hat erfahren, dass der Dienst an den alltäglichen Dingen ein Dienst an der Göttin, am Leben selber ist. Sie ist nicht mehr Stiefmutters Aschenputtel, wenn sie Brot aus dem Ofen holt, Äpfel erntet und Betten aufschüttelt. Sie ist Tochter – geliebte, anerkannte Tochter – der Göttin selber. Nicht aus Angst vor der Stiefmutter wird sie künftig spinnen, sondern in freiwilligem Mitwirken an dem Tun der Göttin – und deshalb zugleich im Dienst des weiblichen Lebensprinzips in ihr selbst. In der Brunnentiefe der Seele ist sie den großen Bildern begegnet, wie wir sie in den Übergangsphasen unseres Lebens erfahren können – aber auch in Phasen der Introversion, der Meditation, des bewussten Umgangs mit Träumen oder im Rahmen einer tiefenpsychologisch orientierten Therapie.

Es ist nicht nur begreiflich, sondern notwendig, dass sich nach solch einer Phase der großen Träume und Bilder, einer Phase der Introversion, das Bedürfnis – wie ein Heimweh – danach einstellt, aus der Brunnentiefe der Seele, aus der archetypischen Welt der Frau Holle wieder aufsteigen zu können in die bewusste Welt des Alltags. Die Erfahrungen der Tiefe, die Gehalte der großen Bilder, die Offenbarungen der Göttin wollen inkarniert werden, erprobt und realisiert unter den Bedingungen der Alltagswelt. Nur so gewinnen Erlebnisse, die die Seele in der vertikalen Dimension der Tiefe oder der Höhe gehabt hat, die Erfahrungsbreite der horizontalen hinzu und damit eine zusätzliche Dimension. Durch Erproben in der Wirklichkeit gewinnen die vertikalen Spitzenerfahrungen an verlässlicher Erdung und Verwurzelung im Leben.

Marie spürt, dass diese Erprobung »droben bei den Meinen« auf der Ebene menschlichen Alltags für sie notwendig wird, sie sehnt sich geradezu danach, auch wenn die Bedingungen »dort oben« viel härter sein werden als »hier unten«. Sie möchte sich nicht »verliegen« (Parzifal) in der inneren Welt, in einer großen Symbiose mit der archetypischen Mutter, sondern sich vielmehr mit allem, das in ihr reif geworden ist, selbst erproben.

So wagt sie es, der verehrten, respekteinflößenden Frau Holle ihre Bitte um Heimkehr vorzutragen, und das fordert wohl ungleich mehr Mut als beispielsweise eine Therapeutin um Abschluss der laufenden Therapie anzugehen, was im allgemeinen auch nicht leichtfällt.

Und das gefällt Frau Holle! Als Lebensmutter ist sie keine von denen, die ihre Töchter festhalten wollen, sondern sie geleitet Marie persönlich an das Tor zur Oberwelt. Frau Holle achtet darauf, dass die Ablösung ohne Verwicklungen verläuft. Der Vergleich mit anderen Märchen zeigt, wie wichtig es ist, dass Marie die Bitte um Ablösung aussprechen kann und Frau Holle sie ihr gewährt. In einem verwandten Märchen zum Beispiel äußert die Heldin weder diese Bitte, noch holt sie sich die Erlaubnis zur Rückkehr ein, sondern macht sich in einer Art Flucht, nachdem sie sich das goldene Kleid aus der Kammer ungefragt angezogen hat, aus dem Staub. Damit handelt sie sich die Verfolgung der Frau ein, die dort »die rote Alte«[36] genannt wird, und wird nur deshalb nicht eingeholt, weil die dankbaren Dinge, denen sie gedient hat, sie nicht verraten. Doch bleibt der Segen der Alten natürlich aus. In unserem Märchen ist es anders:

Der Goldregen

»Die Frau Holle sagte: ›Es gefällt mir, dass du wieder nach Haus verlangst, und weil du mir so treu gedient hast, so will ich dich selbst wieder hinaufbringen.‹ Sie nahm es darauf bei der Hand und führte es vor ein großes Tor. Das Tor ward aufgetan, und wie das Mädchen gerade darunter stand, fiel ein gewaltiger Goldregen, und alles Gold blieb an ihm hängen, so dass es über und über davon bedeckt war. ›Das sollst du haben, weil du so fleißig gewesen bist‹,

sprach die Frau Holle und gab ihm auch die Spule wieder, die ihm in den Brunnen gefallen war. Darauf ward das Tor verschlossen, und das Mädchen befand sich oben auf der Welt, nicht weit von seiner Mutter Haus; und als es in den Hof kam, saß der Hahn auf dem Brunnen und rief:

›Kikeriki,
unsere goldene Jungfrau ist wieder hie!‹

Da ging es hinein zu seiner Mutter, und weil es so mit Gold bedeckt ankam, ward es von ihr und der Schwester gut aufgenommen.«

Marie bekommt reiches Lob von Frau Holle für ihren Wunsch nach der Rückreise in die Realität der äußeren Welt; das Gespür des Mädchens für das, was reif, was an der Zeit ist, gefällt ihr. Ist es doch gerade das, was ihr die Lehrzeit bei Frau Holle – angefangen von dem im Backofen rufenden Brot – vermitteln wollte: wissen um das, was die Stunde schlägt, was – im Sinne des umfassenden Lebens – getan sein will.

Eine Initiation ist eine Übergangsphase, keine Dauersituation. Es ist nicht im Sinne Holles, wenn man Ausbildungszeiten endlos ausdehnt oder immer neue Ausbildungen beziehungsweise Initiationen sucht, statt das Erfahrene im Alltag zu erproben und zu vertiefen. Introvertierte Phasen sind notwendig zur Selbstfindung, doch sollten sie kein Dauerzustand werden. Das gleiche gilt erst recht für Therapiezeiten. Sie zu überdehnen nimmt ihnen ihr Gefälle und das Gespür dafür, dass es darum geht, sich das selbständige Leben samt seinen unvermeidlichen Krisen wieder zuzutrauen. Es geht bei allen solchen Prozessen darum, auf das Geleit durch eine Mutter, Lehrerin, Meisterin oder Therapeutin eines Tages und zur rechten Zeit auch wieder zu verzichten zugunsten eines selbständigen Lebens – in der Gewissheit, im inneren Bezug zu allem Gelernten und auch zu den Begleiterinnen zu bleiben.

Frau Holle ist keine festhaltende, keine »fressende« Mutter; mit ihren vitalen, großen Zähnen vermag sie zuzupacken, aber auch loszulassen. Sie nimmt das treue Mädchen selber an der Hand – eine zärtliche, mütterliche Geste – und geleitet es aus der Tiefe wieder hinauf in die Alltagswelt. Das ist keine geringe Kunst, es hängt viel davon ab, einen Menschen, der sich einem anvertraut hat, so wieder von sich zu lösen, dass er auch diese Ablösung als bejaht empfinden kann. Es liegt viel an dem »Segen«, den man einem Scheidenden mitgibt. Wenn solch ein Abschied nicht in Freiheit und in beiderseitiger Zustimmung geschieht, können sich die Gefühle bei der mütterlichen wie auch bei der töchterlichen Partnerin verwickeln. Dann gibt es unglückliche, ungesegnete Abschiede zwischen Mutter und Tochter, Meistern und Schülern, Therapeutin und Analysandin, bei denen beide nicht voneinander loskommen und sich eben dies zum andauernden Vorwurf machen.

Durch den Brunnen ist sie hereingekommen, durch ein Tor verlässt Marie die Holle-Welt. Sie hat eine neue Ebene gewonnen, die Holle-Welt ist für sie nicht mehr nur in der »Tiefe des Unbewussten«, sondern ins Bewusstsein gehoben. Das Tor ist ein Ausgang und zugleich ein neuer Eingang in die Alltagswelt.

Als Marie hindurchschreitet, fällt ein wahrer Goldregen auf sie hernieder. Gold gilt als das edelste Metall, die kostbarste Substanz, die es gibt – materia der mater Holle! – und wird dem Mädchen nun zugeeignet. Gold rostet nicht, lässt sich kaum legieren, ist von höchster Reinheit. Etwas Unzerstörbares, Bleibendes wird dem Mädchen mitgegeben. Damit ist etwas Leuchtendes, ein Glanz, eine Ausstrahlung verbunden: Das, was sie in der Tiefe ihrer Seele bei Frau Holle erlebt hat, wird von ihr ausstrahlen, wird um sie eine besondere Atmosphäre schaffen.

Das Gold verbindet sie mit dem Glanz der Sonne und deutet erneut auf die Jahreszeiten: War es Frühjahr, als sie durch den Brunnen hinuntersprang und auf der Blumenwiese ankam, Sommer, als sie dem Backofen begegnete, und Herbst, als der Apfelbaum sie rief; war es Winter, als sie Frau Holle die Betten aufschüttelte, so ist nun wieder Frühling, die Sonne steigt empor und mit ihr sie selber – wie Kore im griechischen Mythos aus der Erde emporsteigt, gemeinsam mit Pflanzen und Tieren. Der Jahreskreis schließt sich.

Auch der Hahn, der den neuen Morgen ankündigt, passt zu dieser frühlingshaften Atmosphäre. Er sitzt am Brunnenrand, am Eingang zur Anderswelt und verkündet den neuen Namen dieses nun zur jungen Frau gewordenen Mädchens: »unsere goldene Jungfrau«. Zum ersten Mal heißt sie nicht mehr nur »das Mädchen«, nicht mehr nur »es«, sondern sie wird als junge Frau angeredet. »Jungfrau« heißt zunächst einfach »junge Frau« – und ihr Eigenname wird betont, der im Märchen bisher nicht genannt wurde: »Goldene Jungfrau«, »Goldmarie«.

Wie in den alten Initiationsriten, von denen das Märchen deutliche Spuren enthält[37] – mit der Entfernung von den Ihren, dem Übergang in die Anderswelt der Großen Mutter, in der sie harte Proben zu bestehen hat –, bekommt sie nun auch einen Eigennamen, einen neuen Namen. Das Gold, das auf sie niederkommt, ist der bleibende Segen der Frau Holle. Auch die verlorene Spindel wird ihr schließlich zurückgegeben, Frau Holle hat sie wohlverwahrt gehalten. Die Übergabe der Spindel durch die große göttliche Schicksalsspinnerin bedeutet, dass der jungen Frau nun zugetraut wird, das im Schutz der Göttin Gelernte selbst anwenden zu können und ihren Schicksalsfaden selbständig weiterzuspinnen. So stellt es sich auch in den von mir an anderer Stelle besprochenen Märchen »Die Nixe im Teich« und »Die Gänsemagd am Brunnen« dar.[38]

Im Besitz dieser Gabe aus der Hand der Göttin wagt Goldmarie sich nun auch wieder in das Umfeld ihrer menschlichen Mutter, aus deren Hand die Spindel ihr eher wie ein Fluch erschienen war. »Die Entdeckung eigener Fähigkeit und Stärke im Schutze Holles hilft ihr, der Mutter als autonome, innerlich gereifte Frau neu zu begegnen. Die Entfremdungsphase ist vorüber, sie hat ihre Identität gefunden und kann sich nun auch mit der Mutter identifizieren, da sie weiß, dass das Los beider Frauen in den Händen Holles liegt.«[39]

Als Goldmarie zu Mutter und Schwester zurückkehrt, geschieht das Wunder: Sie wird gut aufgenommen. Als Grund dafür gibt das Märchen ausdrücklich an: »weil es so mit Gold bedeckt war«. Bedeutet das jetzt nur – wie es auf den ersten Blick naheliegt –, dass sie nur deshalb, weil sie Reichtum mitbringt, die habgierige Mutter und Schwester beeindruckt, oder bedeutet es doch auch, dass die besondere Ausstrahlung, die wirkliche Reife dieser aus der Unterwelt zurückkehrenden jungen Frau nicht einmal von dieser Mutter und dieser Schwester übersehen werden können? Die Stiefmutter wird hier »Mutter« genannt; nimmt sie die neue Strahlkraft wahr, die diese ihre Tochter errungen hat – und kann sie in diesem Augenblick zum ersten Mal zur Mutter dieser Tochter werden? Sieht sie die junge Frau zum ersten Mal in deren Wesen, wird sie ihr zum ersten Mal »gerecht«? Oft ist es ja so, dass sich auch die Eltern beziehungsweise die Mütter anders und neu verhalten als bisher, wenn die erwachsen werdenden Töchter und Söhne aus ihrer Abhängigkeit aussteigen. Die autonom werdende Tochter verändert auch die Mutter.

So kehrt manche und mancher aus einer Einkehrzeit, aus der Meditation oder Psychotherapie, einer Zeit großer Träume und innerer Arbeit mit neuer Ausstrahlung in seine Alltagswelt, zu seinen Leuten zurück. Wenn die Ausstrahlung echt ist, wird sie nicht übersehen werden können. An manche Märchen verwandten Typs[40] schließt sich eine weitere Ablösung dieser nun mit so reichen Gaben versehenen jungen Frau von ihrer Mutter und die Begegnung mit einem

Königssohn an. In unserem Märchen ist diese Begegnungsmöglichkeit mit dem Mann, dem Männlichen, nicht erzählt, aber potenziell enthalten (vielleicht sogar darin, dass das einzige männliche Wesen, das im Märchen auftritt, der Hahn, es ausruft, dass nun eine mit Gold – auch einer reichen Begegnungsfähigkeit? – ausgestattete junge Frau »wieder hie« sei).

Sich über die Dinge stellen

Pechmarie

»Als die Mutter hörte, wie es zu dem Reichtum gekommen, wollte sie der andern, hässlichen und faulen Tochter gerne dasselbe Glück verschaffen, und sie musste sich auch an den Brunnen setzen und spinnen.«

Vertrauensvoll erzählt das Mädchen alles, was ihm begegnet ist, und bezieht damit Mutter und Schwester in das Erlebte ein. (»Das Mädchen erzählte alles, was ihm begegnet war«, so Grimm in der letzten Fassung.[1]) Da gibt es der Mutter einen Stich: Schmerzlicher Neid kommt auf, stellvertretender Neid gleichsam, weil sie nicht will, dass ihre Lieblingstochter von der anderen überholt wird. So ist es für sie keine Frage, dass sie auch ihre zweite Tochter ausschicken wird, damit auch diese ihre Erfahrung mit der Tiefe des Unbewussten, mit der Großen Mutter des Lebens machen kann – und soll.

Was wir beneiden, das geht uns immer selber an, will auch von uns selbst verwirklicht werden. Was gänzlich außerhalb unserer Reichweite liegt, das pflegen wir weniger zu beneiden. Wir neiden vielmehr solche Begabungen und Beziehungen, die uns eigentlich auch selber angemessen und möglich wären, wie wir meinen, die wir aber nun von anderen verwirklicht sehen. Nichts aber beneiden wir so sehr, wie wenn ein anderer eine große Entwicklung gemacht hat, die ihm zu Reife und Ausstrahlung verholfen hat. Dass die Mutter gleichsam stellvertretend für die Tochter eifersüchtig ist, zeigt, wie stark diese Lieblingstochter von ihr narzisstisch besetzt, wie sehr sie ein Selbstobjekt der Mutter ist, wie sehr sie einen Teil dieser Mutter selber darstellen und deren ungelebtes Leben darleben muss. Eigentlich müsste die Mutter, da sie den Neid auf Goldmarie empfindet, selbst zu Frau Holle gehen und eine Entwicklung zu größerer Reife durchmachen.

Statt dessen schickt sie die andere Tochter. Pechmarie kommt nicht aus eigenem Antrieb auf die Idee, zu Frau Holle zu gehen. Sie lässt sich vielmehr von der Mutter schicken, ohne eigene Not, ohne eigenes Bedürfnis, schlicht aus der Vorstellung heraus, dabei irgend etwas »gewinnen« zu können: Gold, was immer dies für sie sei. Sie tut es also, wie wir aus dem Fortgang des Märchens ersehen, in einer inadäquaten Einstellung.

Zwei Einstellungsweisen, zwei Einstellungstypen zum »Sprung in die Tiefe«, zur Begegnung mit der Göttin legt das Märchen vor, zwei Möglichkeiten, die natürlich in jeder und jedem von uns bereitliegen, oft eng beieinander. Die Aufteilung der Märchenheldin in zwei Personen, in zwei ungleiche Schwestern, zeigt – »subjektstufig« betrachtet – ein Ich mit seiner Schattenschwester, seinem alter ego. Jede von uns kann, so behaupte ich, Pechmarie und Goldmarie in einem sein. Beide heißen bezeichnenderweise gleich, nämlich Marie, die eine ist Marie im Glück, die andere Marie im Pech. Wir können uns hier aber auch, »objektstufig« betrachtet, wie bisher ein Schwesternpaar, vielleicht auch ein Freundinnenpaar vorstellen, von denen die eine, von der Mutter abgelehnt, gequält, aus innerer Notwendigkeit in einen Entwicklungsprozess hineingeführt wird, der ihr nunmehr einen Vorsprung an Reife, Erfahrung und Ausstrahlung bringt, der der anderen, von ihrer Mutter Verwöhnten, noch fehlt.

Ungeeignete Nachahmung

»Sie musste sich auch an den Brunnen setzen und spinnen; damit ihr die Spindel blutig ward, stach sie sich in die Finger und zerstieß sich die Hand an der Dornenhecke. Darnach warf sie die Spindel in den Brunnen und sprang selber hinein.«

Aus Neid – ihrer Mutter Neid – auf eine Ausstrahlung, die man nur auf einem durchlittenen Weg gewinnen kann, zum Beispiel durch eine tiefgehende Arbeit an sich selbst, macht sich nun die andere Marie auf den Weg. Wie anders geht sie vor, wie anders wird sie von ihrer Mutter eingewiesen als ihre seinerzeit so verzweifelte Schwester!

Goldmaries Schwester also bequemt sich zum Spinnen, das sie wahrscheinlich gar nicht gelernt hat – das äußere wie das innere Spinnen des eigenen Schicksals hatte sie doch ganz an ihre Mutter delegiert! Absichtlich sticht sie sich in den Finger – immerhin nimmt sie den kleinen Schmerz in Kauf – und stößt die Hand sogar mehrfach in die Dornenhecke, um die Spule bewusst mit ihrem Blut zu färben. Dann wirft sie sie absichtlich in den Brunnen, während die Spule Goldmarie wie selbständig aus deren Händen gesprungen war, und springt schließlich selbst in den Brunnenschlund. Immerhin nimmt sie auch das Wagnis auf sich, sich dabei sehr zu verletzen oder gar zu ertrinken – so dringlich will sie im Auftrag ihrer Mutter erreichen, was ihrer Schwester in der Herzensangst ungerufen zustieß.

Pechmarie erinnert an Menschen, die sich ohne Not, nur um etwas von dem zu erleben, was andere an innerer Erfahrung gewonnen haben, in spirituelle Abenteuer stürzen, psychedelische Drogen nehmen, ja sich sogar zu einer Therapie entschließen. Es gehören auch diejenigen hierher, die aus Autoritätsgläubigkeit meinen, »man« müsse doch so etwas für sich tun. Dabei ist es fast unmöglich, als Therapeutin mit Frauen zu arbeiten, die von der Mutter beziehungsweise von ihrem Mann in eine Therapie geschickt werden – und ebensowenig natürlich mit Männern, die von ihren Frauen geschickt worden sind. Ebensowenig wird ein spiritueller Lehrer eine tiefere Erfahrung vermitteln können, wenn ein Mensch in der »Pechmarie-Einstellung« zu ihm kommt.

Keine Lust

»Sie kam, wie die andere, auf die schöne Wiese und ging auf demselben Pfad weiter. Als sie zu dem Backofen gelangt, schrie das Brot wieder: ›Ach! zieh mich raus, zieh mich raus, sonst verbrenne ich, ich bin schon längst ausgebacken!‹ Die Faule aber antwortet: ›Da hätt ich Lust, mich schmutzig zu machen!‹, und ging fort.«

Auch sie gelangt wohlbehalten durch den gefährlichen Brunnenschacht hinab auf die schöne Wiese. Das ist gar nicht selbstverständlich, bedeutet vielmehr, dass auch ihr die Chance gegeben ist, Erfahrungen mit der Tiefe der Seele zu machen.

In meinem Seminar zu »Frau Holle« war es aufschlussreich, wie sehr sich ein Teilnehmer, der aus der Freimaurerei kam und deren Initiationsvorbereitungen kannte, dagegen wehrte, ein so unvorbereitetes Mädchen wie Pechmarie überhaupt den Initiationsweg gehen zu lassen. Er hielt dies für ein Unrecht ihm gegenüber. Doch wer außer der Mutter hätte die Vorbereitung übernehmen sollen? Es geht hier ja nicht um einen speziellen Bund von Auserwählten, sondern um Entwicklungen des Lebens selbst, die eine jede und einen jeden rufen. Darum lässt sich hier aber auch die Selbstverantwortung Pechmaries nicht ganz leugnen.

Offenbar hat sie nicht aufgepasst bei dem, was ihre Schwester ihr über das rufende Brot erzählte, oder sie hat die Pointe einfach nicht verstanden. Von selbst kommt sie nicht darauf, sie begreift nicht, dass das Brot um des Brotes willen herausgeholt werden muss. Sie bezieht den Ruf des Brotes allein auf sich; dass es etwas von ihr will, bei dem sie sich schmutzig machen könnte und sollte, das findet sie unzumutbar, und dazu hat sie bei ihrer Einstellung auch keine Lust. Das fertig gebackene Brot selber, die Tatsache, dass etwas reif ist, dass nahrhaftes Brot für viele herausgeholt werden will, damit Menschen satt werden, das interessiert sie nicht. Es geht ihr wie all den Menschen, die dort, wo sie gebraucht werden, vorbeigehen: Sie finden keinen Kontakt zum Leben, es gibt ihnen nichts, kann ihnen nichts geben, da sie sich selber aussparen.

Ich denke da an einen jungen Mann, der vor Lebensüberdruss morgens schier nicht aus dem Bett kommt, obgleich er gesund ist und von liebevoll für ihn sorgenden Menschen umgeben. Er findet den Punkt nicht, wo er gebraucht wird – er überhört den Ruf der Dinge, die ihn suchen, und glaubt deshalb nichts zu haben, wofür es sich zu leben lohnte.

Ich denke auch an eine Frau, die ihre gute Ausbildung für den Pflegeberuf einfach nicht einsetzt – ihr Brot, mit dem sie andere nähren könnte, ist reif –, sondern ziellos und gelangweilt nach einem besser geeigneten Zugang zum Leben sucht, als es ihr dieser Beruf bietet. Von der Sorge um die Nahrung, im übertragenen Sinn, um das »Brot des Lebens«, hält sie nichts, versteht auch diese verwöhnte Tochter nichts. Zu sorgen, zu umsorgen, hat sie nicht gelernt.

Beziehungslos

»Bald kam sie zu dem Apfelbaum, der rief: ›Ach! Schüttel mich!, schüttel mich!, wir Äpfel sind alle miteinander reif!« Sie antwortete aber: »Du kommst mir recht, es könnt mir einer auf den Kopf fallen!‹, und ging damit weiter.«

Ein zweites Mal wird Pechmarie die Chance gegeben, zu tun, was reif ist. Wieder fällt ihre Selbstbezogenheit auf, sie denkt nur an sich und das, was ihr passieren könnte, wenn sie hier Hand anlegte. Was aus den Äpfeln wird, interessiert sie nicht. Ich habe von einer afrikanischen Frau gehört, der beim Ernten eine Kokosnuss auf den Kopf fiel, die sie schwer verletzte – aber wäre dies ein Grund, künftig nie mehr Kokosnüsse vom Baum zu holen? Der afrikanischen Frau wäre dieser Schluss gänzlich fremd. Die Natur kann dem Mädchen nichts geben, so reich sie auch schenkt, wenn es nicht Hand anlegt, die Ernte einzubringen.

Nun ist der Apfel, wie wir schon bei Goldmarie bedachten, gewiss mehr als eine köstliche Frucht: Er ist immer auch ein Symbol, das mit reifendem Eros und Liebe zu tun hat, eine Frucht, die den Tod bringen[2], aber auch Unsterblichkeit verleihen kann.[3] Indem Pechmarie die Äpfel nicht erntet, geht sie an all dem vorbei. Sie denkt auch angesichts einer Beziehung womöglich nur daran, dass einem bei der Liebe etwas passieren, ein »Liebesapfel auf den Kopf fallen« und verletzen könnte. Das ist ihr zu riskant, darauf lässt sie sich nicht ein.

Auf eine therapeutische Beziehung übertragen, würde es heißen, dass Pechmarie sich auch dort aussparte, wo es um ein Sich-Einlassen auf die Übertragungsbeziehung zur Therapeutin, letztlich auch zum Unbewussten selber ginge. Auch hier wäre sie sich zu schade, sie könnte ja dabei »eins aufs Dach bekommen«.

Pechmarie kann bei dieser Einstellung keine Beziehung zur Wirklichkeit aufnehmen, weil sie noch keine zu sich selbst hat. Als narzisstisch besetztes Selbstobjekt ihrer Mutter, in dem die Mutter mehr sich selber liebt und sucht als die Tochter, hat sie sich selber noch nicht finden können, und weil sie nicht in sich gegründet ist, muss sie ständig Angst um sich haben, egozentrisch sein.

Respektlos

»Als sie vor der Frau Holle Haus kam, fürchtete sie sich nicht, weil sie von ihren großen Zähnen schon gehört hatte, und verdingte sich gleich zu ihr.«

Tiefsinnig-komisch im Vergleich zu dem, worum es eigentlich geht, ist auch diese Stelle, wonach sie sich vor Frau Holle gar nicht fürchtet, weil sie von deren großen Zähnen schon längst gehört hat. Es ist hier wie bei Leuten, die im Symbollexikon unter »Holle« schon einmal nachgeschlagen haben, von deren großen Zähnen also wissen und infolgedessen meinen, auf den Respekt vor ihr verzichten zu können. Unaufgefordert, aus eigener Regie, beziehungsweise im Auftrag ihrer Mutter, lässt sie sich bei Frau Holle einstellen und meint, sie wisse nun schon genau, was komme, und sei sich deren großzügiger Entlohnung sicher. Es fällt auf, dass Frau Holle sich ihr, die ihr ohne die nötige Ehrfurcht naht, auch nicht vorstellt. Sie kann sich derjenigen nicht zu erkennen geben, die – aus fehlender Beziehung zu sich selbst – gar nicht in der Lage ist, eine Beziehung einzugehen. Gilt das schon auf der menschlichen Ebene, in Beziehungen zu einer Lehrerin, Meisterin oder auch Therapeutin, wie erst sollte dieses selbstbezogene, respektlose Mädchen ein Gespür für das göttliche Wesen der Frau Holle aufbringen!

Zu faul

»Am ersten Tag tat sie sich Gewalt an und war fleißig und folgte der Frau Holle, wenn sie ihr etwas sagte, denn sie gedachte an das viele Gold, das sie ihr schenken würde; am zweiten Tag aber fing sie schon an zu faulenzen, am dritten noch mehr, da wollte sie Morgens gar nicht aufste-

hen. Sie machte auch der Frau Holle das Bett schlecht und schüttelte es nicht recht, dass die Federn aufflogen.«

Pechmarie erinnert mich an eine Frau, die eine Analyse, den Zugang zu ihrem Unbewussten suchte, mit der Begründung: »Ich will Schätze heben.« Gewiss gibt es bei dieser Arbeit Schätze zu heben, aber sie suchte – wie sich von Stunde zu Stunde herausstellte – ausschließlich nach Schätzen, während ihr, bildhaft gesprochen, die Arbeit des Schätzegrabens, bei der sie natürlich auch allerhand Steine und Unrat zutage förderte, von Mal zu Mal lästiger wurde. Darauf war sie gar nicht gefasst gewesen, dass es »fleißig« zu sein galt.

So wie Pechmarie nicht einsieht, warum sie Frau Holle, der Göttin, dem weiblichen Prinzip in ihr selbst, das Bett aufschütteln soll und dass es darum nicht schneite auf Erden, so konnte auch im Alltagsleben dieser Analysandin nichts von sich aus fruchtbar werden, und das enttäuschte sie nach einer Handvoll Stunden, die sie sich selber abgerungen hatte, so sehr, dass sie mit der Analyse wieder aufhörte. Sie achtete nicht weiter auf ihre Träume. Auch ihre Schätze blieben vorerst ungehoben. Sie bekam die großen Bilder aus der Brunnentiefe der Seele, wie sie aus den Träumen aufsteigen können, zum Beispiel auch die Gestalt der Frau Holle, gar nicht erst zu Gesicht – und damit auch nicht das vertiefte Lebensvertrauen, das eine neue Lebensverantwortung im Alltag erschließt. Sie bekam nur zu spüren, dass Frau Holle sich ihr versagte, ihr den Dienst von sich aus kündigte.

Die faule Pechmarie meinte im ersten Augenblick womöglich, ihre Lehrzeit sei nach wenigen Tagen oder Wochen schon zu Ende, sie brauche nicht mehr – so wie jene Frau wohl meinte, ihr genügten sechs bis acht Analysestunden, um genug über das Unbewusste und die Große Mutter zu erfahren, und sie werde nach einem Schnellkurs in Selbsterfahrung bereits den Goldgewinn der Einsicht, der Reife und der Ausstrahlung gewinnen – womöglich, um ihn in eigenen Seminaren gleich an andere weitergeben zu können. Doch hat sie mit dieser Einstellung Pech mit Frau Holle und muss deren unbestechliche, aber auch unerbittliche Seite, die die großen Zähne verkörpern, am eigenen Leibe verspüren.

Mit Pech übergossen

»Das ward die Frau Holle bald müd und sagte der Faulen den Dienst auf. Die war es wohl zufrieden und meinte, nun werde der Goldregen kommen, die Frau Holle führte sie auch zu dem Tor; als sie aber darunter stand, ward statt des Goldes ein großer Kessel voll Pech ausgeschüttet. ›Das ist zur Belohnung deiner Dienste‹, sagte die Frau Holle und schloß das Tor zu. Da kam die Faule heim, ganz mit Pech bedeckt, und das hat ihr Lebtag nicht wieder abgehen wollen. Der Hahn aber auf dem Brunnen, als er sie sah, rief:
›Kikeriki,
unsere schmutzige Jungfrau ist wieder hie‹!«

Auch sie wird von Frau Holle wieder hinausbegleitet, nicht etwa behalten. Sie denkt noch, damit sei alles gut, und der Segen werde auf dem Fuße folgen. Aber sie hat, wie gesagt, »Pech« mit Frau Holle, und das Märchen schildert das sehr anschaulich: Ein Kessel voll Pech wird über dem Mädchen ausgeschüttet, als es das Ausgangstor durchschreitet.

Von Pech überschüttet kommt sie zu Hause an nach ihrem missglückten Besuch – der keine »Quest«[4] war, sondern eher ein von der Mutter befohlener Pflichtbesuch bei Frau Holle. Statt der goldenen Substanz erscheint hier eine schwarze.

In der Alchimie stellt die Nigredo[5], die Schwärzung, eine erste Stufe des Entwicklungs- und Wandlungsprozesses von der gewöhnlichen Materie hin zum Gold dar, die Station nämlich, in der man sich seiner Schattenseiten, seiner Mängel bewusst werden muss. Hier also könnte Pechmaries eigentlicher Weg beginnen, der Weg zu einer echten »Quest«, einer Suchwanderung, auf der sie nach der wesentlichen Vision für ihr Leben fragt. Jetzt ist sie wirklich in Not, ist vom Pech verfolgt – es will ein Leben lang nicht mehr von ihr weichen. Nun könnte sie etwas zu fragen haben und der Lebensmutter wirklich bedürfen.

Auch sie wird in diesem Augenblick ihres Lebens mit einem Namen versehen, auf ihn festgelegt von dem Hahn, der ihn in alle Öffentlichkeit hinausposaunt: »Kikeriki, unsere schmutzige Jungfrau ist wieder hie.« Was der Hahn hinauskräht, das ist gewissermaßen auch der künftige »Ruf« dieser jungen Frau, mit dem sie behaftet bleibt. Doch auffälligerweise wird sie auch hier nicht »Pechmarie« genannt, wie das Sprichwort sie bezeichnet, sondern »schmutzige Jungfrau«, behaftet also mit Pech, der Folge ihrer Unfähigkeit, sich – statt auf das materielle Gold oder auf das Rollenbild ihrer Mutter – auf das Lebensnotwendige zu beziehen und damit zur Partnerin der Frau Holle zu werden. Mit diesem Pech kann sie lebenslang behaftet bleiben, wenn es ihr nicht gelingt, sich von der verwöhnenden Mutter, deren Selbstobjekt sie bis dahin gewesen ist, abzulösen. Erst dann hätte sie die Chance, von diesem von der Mutter abgeleiteten »falschen Selbst«[6] loszukommen und ihr eigenes Selbst zu finden. Erst von dort her könnte sie liebesfähig werden. Bis dahin werden alle ihre Beziehungsversuche daran scheitern müssen, dass sie keine Beziehung, keine Liebe und Treue zu sich selbst aufbauen konnte und sich deshalb auch auf keinen anderen Menschen zuverlässig beziehen kann, so dass sie oder er ihr zu Partnern werden könnten. Sie wird vielmehr jeder und jedem gegenüber in einer egozentrischen Kindposition, wie sie sie bei ihrer Mutter erlernt hat, verharren: entweder in anspruchsvoller Bedürftigkeit oder in einer forciert-trotzigen Scheinautonomie, wie sie sie Frau Holle gegenüber zeigte.

Es geht in diesem Märchen weniger um ein Moralisieren als vielmehr um das Aufdecken einer tragischen Konstellation, die sich zwischen dieser Mutter und ihrer Tochter in der frühen Kindheit eingespielt hat und deren Konsequenzen sich bis weit ins Leben der Tochter hinein auswirken. Wie tragisch diese Konstellation ist, teilt sich schon Kindern mit, wie es die schon erwähnte Erinnerung einer Frau im Blick auf dieses Märchen zeigt: »Noch heute tut sie mir so leid, dass ich am liebsten weinen würde.«[7] Auch andere Frauen jener Gruppe von Frau Rüttner-Cova zeigten spontanes Mitgefühl mit Pechmarie: »Mir tut sie sehr leid. Als verwöhntes Kind hat sie nie zupacken gelernt. Sie ist einfach überfordert.«[8] Die nächste wundert sich über die Märchenerzählerin: »Die Pechmarie wird sehr lieblos dargestellt. Ohne Grund kann doch kein Mensch so werden.«[9] Auch einer Dritten tut sie leid: »Was kann sie dafür, dass sie nicht arbeiten lernte! Nun haftet ihr schuldlos ein Leben lang Pech an. Das finde ich ungerecht.«[10] Eine Letzte versucht es gar mit einer psychologischen Diagnose: »Sie ist den Leistungsmaßstäben ihrer Mutter nicht gewachsen. Sie ist blockiert und überspielt ihre Unfähigkeit mit Forschheit. Ich würde sagen, sie leidet an einer larvierten Depression.«[11]

Gibt es keinen Weg zurück für Pechmarie, zurück zu Frau Holle, den wir ihr wohl wünschen würden, wenn wir uns in die tragische Konstellation, die zu ihrem Verhalten führt, eingefühlt haben? Das Märchen klingt recht hart und konsequent: »Das ist zum Lohn für deine Dienste«, sagte Frau Holle, »und schloss das Tor zu.« Hier, wie übrigens auch bei Goldmaries Rückweg, wird betont, dass Holle das Tor hinter dem Mädchen eigenhändig zuschließt. Der Rückweg durch diese Tür ist nicht möglich. Wie alles bei Frau Holle, hat auch der Gang in die Tiefe zu ihr hinunter seine Zeit, die entweder reif ist oder nicht. Wir können nicht beliebig oft, vor allem nicht jederzeit, Tiefenerfahrungen, große Träume, Initiationen wiederholen; es kommt darauf an, wach und bereit zu sein, wenn die Zeit dafür da ist. Das schließt allerdings nicht aus, dass eine Zeit dafür wiederkehren kann: Pechmarie in ihrer Nigredo[12], ihrer Einschwärzung, ihrer Schattenhaftigkeit könnte eines Tages reif dazu werden, diesen Weg erneut zu gehen, dann allerdings wieder ganz von vorn, durch den Brunnenschacht hindurch, nicht durch eine Hintertür hinein.

Dass dies allerdings schwierig, fast unmöglich ist, sagt das Märchen in seiner bildhaften Sprache vom Pech, das ihr anhaftet: »Und das hat ihr Lebtag nicht wieder abgehen wollen.« Fast klingt es, als wäre dieses Pech so etwas wie ein autonomer Komplex, der sich an ihr festklammert, so wie es ja auch mit einem Mutterkomplex solcherart, wie er Pechmarie bestimmt, erfahrungsgemäß zu sein pflegt.[13]

Mir fallen hierzu zwei mir gut bekannte Schwestern ein, eine ältere und eine jüngere, die ältere heute in den Vierzigern, die jüngere in den Dreißigern. Da ihre früh verwitwete Mutter bald zu kränkeln und melancholisch zu werden begann und an hausfraulichen Dingen sowieso noch nie recht interessiert gewesen war, übernahm die Älteste früh die Verantwortung für das ganze Haus, für die Mutter und auch für die jüngere Schwester, sorgte dafür, dass eingekauft wurde und die Jüngere ihre Schulaufgaben machte, dass das Essen auf den Tisch kam, während sie selbst auch in dieser Hinsicht von niemandem Hilfe erwartete. Die Überforderung der Ältesten, die ein feines Mitgefühl für alle, aber wenig Mitleid mit sich selber entwickelt hatte, wurde eines Tages so stark, dass sie in eine Depression verfiel – auch dies ein Sprung in den Brunnen! – und sich nicht mehr anders zu helfen wusste, als eine Psychotherapie zu suchen, bei der sie nun erstaunliche Träume hatte, die ihr ihre weiblichen Wurzeln und auch die Quelle ihrer eigenen Mütterlichkeit aufzeigten. Als sie nach Jahren intensiver innerer

Arbeit wieder einmal nach Hause kam, gereift, mit einer starken Ausstrahlung, im Begriff, nun selber einen therapeutischen Beruf zu erlernen, horchte die Mutter auf und auch die jüngere Schwester, die sich bis dahin immer von ihr hatte verwöhnen lassen.

Die jüngere Schwester, ein Mädchen von auffallender Schönheit und viel Charme, Liebling der Mutter, hatte noch keine rechte Perspektive für Ausbildung und Beruf entwickeln können, obwohl sie inzwischen schon Mitte Zwanzig war. Sie hatte bisher ausschließlich bei der Mutter »herumgehangen« und dieser, statt ihr das eine oder andere abzunehmen, auch noch sich selber aufgelastet. Die Mutter konnte ihr nichts abschlagen, sie war froh, dass das Mädchen bei ihr zu Hause blieb, da sie selber das Alleinsein fürchtete.

Als sie nun mit Erstaunen und mit bewunderndem Neid von dem Weg der älteren Schwester erfuhren, begann die Mutter die jüngere zu drängen, doch auch eine Therapie zu machen, um später vielleicht selber einen therapeutischen Beruf zu erlernen, der ja heute in einem gewissen Ansehen stehe und auch etwas eintragen könne. Die jüngere Schwester, mit der Einfühlung in sich selbst völlig unerfahren, verhielt sich sehr ähnlich wie Pechmarie im Märchen. Sie begriff nicht, was für sie »dran« war, was reif war, herausgeholt und geerntet zu werden verdiente, und sie begriff ebensowenig, was noch nicht reif war. Im Grunde wäre die Ablösung von ihrer Mutter und eine vernünftige Berufsentscheidung in Übereinstimmung mit ihrer Begabung für sie »dran« gewesen. Sie begann aber eine Therapie. Um sich jedoch ja nicht von der Therapeutin abhängig zu machen, ließ sie sich immer nur ein kleines Stückchen weit ein, so dass es ihr nicht gefährlich werden konnte. Andererseits erwartete sie, dass die Therapeutin ihre Entwicklung vorantreiben, gleichsam das Brot für sie herausholen, die Äpfel für sie ableeren, das Bett für sie machen sollte. Sie begriff nicht, dass es zu lernen galt und nicht mehr nur sich selbst, sondern der Frau Holle, der Lebensmutter und dem Lebensnotwendigen zu dienen. Über ihre Beziehung zu ihrer verwöhnenden Mutter ließ sie gar nicht erst mit sich reden. Deren idealisiertes Bild durfte nicht angetastet werden, ebensowenig wie ihr idealisiertes Bild von sich selbst als der Tochter, die man doch einfach gern haben müsse. Sie betrachtete die Analyse nur als Zugangsbedingung zu einem renommierten Beruf, den sie gerne gehabt hätte. Deshalb dauerte es ihr auch viel zu lange, bis der therapeutische Prozess in Gang kam. So war sie zunächst froh, als ihr die Therapeutin nahezubringen suchte, dass möglicherweise im Moment gar kein Gefälle, gar keine Strömung in der therapeutischen Arbeit vorhanden sei und sie doch überlegen möge, ob sie nicht eine Pause, eine Unterbrechung der Therapie einlegen wolle.

Als sie aber merkte, dass die Therapeutin es ernst meinte mit dieser Unterbrechung, weil ihr die Arbeit bei so wenig gründlicher Motivation wirklich nicht sinnvoll erschien, war die jüngere Schwester zunächst wütend auf die Therapeutin, später aber auf sich selbst. Sie wurde traurig und begann zu verstehen, dass sie das alles zur Unzeit, in einer unzureichenden inneren Einstellung hatte ertrotzen wollen; dass sie sich bis dahin gänzlich von Mutter und Schwester abhängig gemacht und noch gar keinen eigenen Zugang zu ihrem Selbst gewonnen hatte. Jahre später, nach ernsthaftem Nachdenken über sich selbst und die Mutter-Tochter-Konstellation, von der sie ausgegangen war, war sie so weit, wirklich eine innere Arbeit an sich selbst zu suchen, eine echte Suchwanderung zu beginnen, die sie dann auch zu sich selbst und auf ihren eigenen Berufs- und Beziehungsweg führte.

Auch ein Freundinnenpaar kommt mir in den Sinn, bei dem sich eine ähnliche Situation wie bei Goldmarie und Pechmarie konstellierte. Beide hatten sich in ihrer Studienzeit kennengelernt und bedeuteten einander viel, auch wenn sie gelegentlich miteinander konkurrierten. Beide waren sehr gegensätzlich, schon in ihrer Lebens- und Entwicklungsgeschichte. Die eine, Tochter einer sehr kühlen Mutter – der Vater war beruflich meist abwesend –, geriet wegen unlösbar scheinender Beziehungsprobleme mit ihrem Mann in eine tiefe persönliche Krise, die sich in einer Flut von psychose-nahen Alpträumen Bahn brach, so dass sie eine Therapeutin aufsuchte. Dort, wo sie in einer tiefgehenden Übertragungsbeziehung ihr Mutterproblem bearbeiten und in großen Traumbildern dem überpersönlichen Mütterlichen – Frau Holle – nahekam, fand sie ein Ja zu ihrer eigenen Weiblichkeit, zum Dienst am Leben und darüber auch zu ihrem Partner.

Die andere, die aus einem viel freundlicheren, verwöhnenden Elternhaus stammte und sich immer als die viel normalere von den beiden vorgekommen war, spürte eine sehnsüchtige Bewunderung, ja Neid, als sie die andere eine solche Entwicklung machen sah. Auch sie beschloss, sich in eine Therapie zu begeben und ihren Lehrberuf vielleicht anschließend im Sinne einer Beratungslehrerin auszubauen. Da nicht Not, sondern eher Neid auf die Entwicklung der anderen und zudem eine verfrüht eingebrachte Absicht das Motiv zu dieser Therapie gewesen waren, wollte auch ihr der allzu absichtlich unternommene Weg zu Frau Holle nicht gelingen. Zwar fand auch sie eine erfahrene Therapeutin, die ihre Absicht, eine Therapie zu machen, sehr ernst nahm. Doch verweigerte sich Frau Holle in Gestalt des Unbewussten, das zunächst keine Träume hergeben wollte, so dass die Therapie nur mühsam und an der Oberfläche in Gang kam. Nach einer Phase der Nigredo, in der die betreffende Frau ihre Grenzen, ihren Neid, ihren Schatten kennenlernte – auch den Schatten ihrer an der Oberfläche guten und verwöhnenden Mutterbeziehung –, gelang dann ein neuer Einstieg, ein echter »Sprung in den Brunnen« aus innerer Not und Notwendigkeit.

Wenn wir das Märchen nun subjektstufig betrachten, wäre die Märchenheldin wie das Ich innerhalb eines Traumes, und alle weiteren Figuren stellten letztlich Anteile dieses Ich dar. Dann wäre Pechmarie nichts anderes als Goldmaries innere »Schattenschwester«, die zunächst im Unbewussten, im Ungelebten bleibt. Von einem mit Goldmarie identifizierten Ich her gedeutet – die meisten Leserinnen werden sich ja mit Goldmarie identifizieren – wäre Pechmarie dann deren Versuchung, den Weg zu Frau Holle ohne Not wiederholen zu wollen, gewissermaßen aus einer »Eifersucht auf sich selbst« heraus, wie man sie während gleichförmiger, langweiliger Phasen seines Lebens erfahren mag, wenn man doch früher viel stärker in innerer Entwicklung und Bewegung war. Dann sucht man vielleicht wieder einmal ein starkes Erleben, sucht absichtlich starke seelische Erfahrungen, ja Erschütterungen, in aufwühlenden Selbsterfahrungsgruppen vielleicht, bei sagenumwobenen Meistern, man hilft sogar mit halluzinogenen Drogen nach – um dann doch zu erfahren, dass auf solchen Wiederholungsversuchen nicht der Segen der ersten Suchwanderung, die aus existentieller Not geboren war, liegt – es sei denn, eine neue innere Notwendigkeit habe diesen Weg in Gang gebracht.

Es geht also um zwei Einstellungen, die bei ein und demselben Menschen, bei ein und derselben Frau vorkommen können, in je verschiedenen Lebensphasen. Die Goldmarie-Einstellung, die den Ruf der Dinge und des Lebens hört und sich ernsthaft und ehrfüchtig in den Dienst der Lebensmutter Holle stellt, wird immer wieder deren Zustimmung und Zuneigung, deren Segen zu spüren bekommen, der sich in dem Geschenk des Goldes ausdrückt, in innerer Erfüllung und äußerer Ausstrahlung.

Die Pechmarie-Einstellung dagegen, die sich dem Ruf der Dinge und des Lebens – warum auch immer – verweigert, sich selbstsüchtig oder von anderen »geschickt« und aus Profitgründen mit Frau Holle einlässt, wird immer deren Ablehnung erfahren; diese Einstellung wird sogar immer wieder Pech nach sich ziehen, das geradezu selbsttätig anhaftet – wie hartnäckige Flecken der Kleidung anhaften und keiner Wäsche weichen wollen. Das anhaltende Pech allerdings kann den Anlass zu einer Wende geben, zu einer tieferen Selbstbesinnung führen und zu einer neuen Suchwanderung, die letztlich doch bei Frau Holle mündet.

Zur Frau werden

Die Initiation

Frau Holle ist in diesem Märchen die große Initiationsmeisterin der Mädchen und jungen Frauen, die vorlebt, was menschliche Initiationsmeisterinnen, weise Frauen, für junge Mädchen bedeuten können.

Initiation ist für die frühen Völker ein Übergang von einem Modus des Seins in den anderen, von der Kindheit zur Geschlechtsreife und damit zur vollen sexuellen Identität. Sie bedeutet eine tiefgreifende Wandlung, die aus einem quasi noch unfertigen, geschlechtlich noch undifferenzierten erst den »fertigen«, erwachsenen Menschen, eine Frau oder einen Mann macht, ein Prozess, der um des optimalen Verlaufs und Ausgangs willen durch weise, ältere Leute des eigenen Geschlechts geleitet wird. Die Initiation war mit Riten verbunden, die den Sinn hatten, den jungen Menschen auf seine Möglichkeiten, Pflichten und Rechte vorzubereiten und ihm die Bedeutung des Zeitpunkts unauslöschlich einzuprägen.

Bei Mädchen war die Zeit der Initiation[1] häufig eine Periode der Abgeschiedenheit, in der ihnen Stillehalten abverlangt wurde, aber auch eine Zeit, in der rituelle Tänze und körperliche Geschmeidigkeit geübt wurden. Immer wieder gehörte zur Initiation eine sehr strenge Behandlung der Initiandinnen, die ihnen Proben auf eine Widerstandskraft und Durchhaltefähigkeit abverlangte, wie sie sie als Erwachsene benötigen würden. Als Kern des Prozesses gilt eine Verwandlung, die sich als eine symbolische Tötung und eine Wiedergeburt abzuspielen pflegte.

Über die Initiationsriten an Mädchen ist vergleichsweise

wenig bekannt, woran sowohl die Tatsache beteiligt sein mag, dass ein Großteil der Forschung allzulange in den Händen von Männern lag, die offenbar der Initiation der Knaben ein größeres Gewicht beimaßen, als auch die Beobachtung, dass Frauen über rituelle Vorgänge besonders verschwiegen zu sein pflegen. Es ist hierüber nicht leicht etwas zu erfahren, auch wenn man es mit großem Interesse versucht.

Soviel aber ist erforscht: Auch die Mädchen wurden in vielen Stammeskulturen für längere oder kürzere Zeit von ihren Familien radikal getrennt, verbrachten lange Zeit – oft fastend und frierend – in dunklen Hütten, zuweilen in Hängematten eingeschnürt, schwebend zwischen Himmel und Erde, dem Rauch des Herdfeuers ausgesetzt, und durchlebten so die Zeit der ersten und der darauffolgenden Menstruationen. Diese Riten dienten der Trennung von ihrer Familie, von ihrem bisherigen Selbstverständnis als Kinder und Töchter; sie dienten dem Durchstehen einer Selbstbegegnung, der Begegnung mit dem eigenen Körper und der größeren Natur (in manchen Stammeskulturen fielen in diese Zeit auch die schmerzhaften Tätowierungen, die der unlöschbaren Identitätsbestimmung dienten, oder gar die Beschneidungen der Mädchen). Hierher gehört auch die von Frazer zuerst beschriebene Einführung der Mädchen in das heilig-gefährliche Tabu, in das mit Manakraft geladene Geheimnis: ihre Menstruation.[2] Diese Zeit wird in den Märchen oft durch eine Aufenthaltsphase der jungen Heldin im hohlen Baum oder in tiefer Wald- oder Bergeinsamkeit geschildert, unter der Obhut einer weisen und gestrengen Frau.[3]

Das Wichtigste an unserem Märchen, das es von allen anderen Initiationsgeschichten unterscheidet, ist, dass es ausdrücklich Frau Holle ist, die hier die Initiation vollzieht, die Göttin selbst in ihrem eigenen Namen. Der Sprung in die Brunnentiefe, die Unterwelt und Anderswelt kommt der

Absonderung von allem Bisherigen gleich, die zu jeder Initiation gehört. Manche Mädchen in den Grimmschen Märchen erleiden sie als ein Ausgesetztwerden im wilden Wald, als Eingeschlossen- und Abgeschlossensein in einem hohlen Baum, der einem Sarg, einem »Toten-baum« gleicht (wie man in der Schweiz den Sarg bis heute nennt); besonders anschaulich ist solch eine Initiationszeit in dem Grimmschen Märchen »Die Gänsehirtin am Brunnen« geschildert, wo ein Mädchen nach zu naher Bindung an den Vater Zuflucht bei einer weisen Alten findet, bei der es in aller Abgeschiedenheit Gänse hüten und spinnen lernt – und wo es vor allem seine über dem Vaterproblem hässlich gewordene Haut zu reinigen und zu regenerieren lernt – an einem Brunnen: Holle-Brunnen! – angesichts des Mondes.[4] Letztlich geht es bei jeder Initiation von jungen Mädchen um die Ablösung von den persönlichen Eltern, von Mutter und Vater, und ein Hinführen und Hinfinden zur größeren Mutter, der Lebensmutter selbst.

Die Übergangsriten gliederten sich nach van Gennep[5] im allgemeinen in drei Abschnitte: Zum ersten gehörten die Trennungsriten. In unserem Märchen beginnen sie mit dem quasi autonomen, selbständigen Entspringen der Spule in den Brunnen, worauf das herbe Weggeschicktwerden des Mädchens durch seine bisherige Mutter folgt, damit es die Spule wieder herbeihole. Es handelt sich gleichsam um eine Verstoßung des Mädchens. Die Übergangsrituale sind so gestaltet, dass sie im Ernst das Risiko eingehen, dass der junge Mensch an den Rand des physischen Todes kommt, da man offenbar erreichen will, dass er seiner bisherigen Lebensweise und seinem bisherigen Selbstverständnis tatsächlich abstirbt und sich als ein ganz anderer, quasi ein »wiedergeborener« Mensch erfährt.

Zur zweiten Phase gehören die Riten der Zwischenzeit, wozu in unserem Märchen die Erprobung des Mädchens in seiner Reaktion auf den »Ruf der Dinge« gehört, das rufende Brot im Backofen, die rufenden, reifen Äpfel am Apfelbaum und schließlich die heranrufende und auffordernde Frau Holle, die das Mädchen für die Wartung ihres göttlichen Bettes in den Dienst nimmt. Die Übergangsriten konnten sich über längere Zeiträume von Monaten bis Jahren erstrecken. Bei Goldmarie zeichnet sich ein Weg durch ein ganzes Jahr ab. Gerade diese Zwischenzeit, in der man »weder Fisch noch Fleisch« ist und die bisherige Lebensordnung aufgelöst zu sein scheint, gilt immer als gefahrenreich, bedrohlich. In dieser Zwischenzeit werden – wie in Märchen und Volksüberlieferung beschrieben – die Mädchen in ihre Fähigkeiten und Verantwortlichkeiten als Frau eingeführt, wie es auch bei Frau Holle geschieht: wahrscheinlich sowohl in die Vorgänge weiblichen Wirtschaftens wie Spinnen, Backen und Brauen, gewiss aber auch in die körperlichen Vorgänge der Menstruation, des Fruchtbarwerdens sowie in die Voraussetzungen erotischer Begegnungsfähigkeit. Die Durchhaltefähigkeit der jungen Frau, auch im Ertragen körperlicher Schmerzen, wurde nicht zuletzt im Blick auf die künftige Schwangerschaft und das Gebären erprobt. Allgemein dienen die entsprechenden Riten und Bräuche dazu, bei den jungen Menschen eine erhöhte seelische Aufmerksamkeit zu schaffen und eine psychische Auflockerung zu bewirken als Voraussetzung für die Steigerung an »Mana-Potential«, an physisch-psychischer Strahlkraft und Wirkungsmacht, auf die das ganze Ritual letztlich hinausläuft.[6]

Zur dritten Phase, den »Weihe- und Anschlussriten« an die neue Umgebung, gehört im Holle-Märchen einerseits der Wunsch des Mädchens nach Heimkehr und das Geleit der Frau Holle bis ans Tor – um den Ausgang aus Tür und Tor gab es in frühen Kulturen reiche Rituale – mit der Segenspendung des Goldes; andererseits auch die Rückkehr zu Mutter und Schwester als eine Verwandelte.

Sowohl aus sozialen als auch aus psychischen Gründen

waren solche Übergangsriten höchst sinnvoll: Ist es doch unerlässlich für das seelische Gleichgewicht des Menschen, dass er sich den jeweiligen Erfordernissen seines Lebensalters anpassen kann und die Rudimente aus früheren Einstellungen nicht unentwegt weiter mitschleppt, wie zum Beispiel allzu enge Bindungen an Mutter oder Vater, kindliche Verantwortungslosigkeit oder das Gefühl des Schwach-, Unzulänglich- und Schutzbedürftigseins, die »es unmöglich machen, die schon entwickelte Kraft so einzusetzen, dass sie sich ganz in das Gebiet ergießt, dem der Mensch sich eben zuwenden soll«.[7]

Im heutigen Leben und Erleben werden solche Übergänge kaum noch wahrgenommen. Fast verschwunden sind Rituale, die Jugendliche darauf hinweisen könnten, dass »zwischen dem einen Leben und dem anderen eine Art Tod liegt«[8], obgleich diese Erfahrung, wenn auch leider unbegleitet, von den Jugendlichen nach wie vor gemacht wird. Gerade diese Vorstellung aber liegt den archaischen und volkstümlichen Bräuchen zugrunde, die auch unser Holle-Märchen noch prägen.

Man konnte früher aus einer Einheit, der man angehörte, zum Beispiel der Gemeinschaft der Mädchen oder der Gemeinschaft mit der Mutter, nicht ohne weiteres ausscheiden, um sich einer anderen Gruppierung zuzuwenden: »Vielmehr muss dieses Band vorsichtig gelöst werden, die Mutter und die Altersgruppe muss einen freigeben, sei es freiwillig, sei es durch physische oder magische Gewalt, z.B. durch Entführung des Mädchens in den Wald, der sich die Mutter zu beugen hat, auch indem sie das scheidende Kind ernstlich als ›gestorbenes‹ betrauert oder indem die ganze Altersgruppe womöglich gleichzeitig durch dasselbe Ritual hindurchgeführt wird.«[9] Ein entsprechendes Ritual schimmert noch durch unser Märchen hindurch, auch wenn man die »physische oder magische Gewalt« hier durch eine psychische ersetzt hat, die Verstoßung durch die Mutter in den

Brunnen, wohin die Spindel verloren ging. Vielleicht hat sie ihre Tochter nach deren Sprung in den Brunnen tatsächlich als gestorben betrachtet, zumindest als »ihr« gestorben. Dass das Ritual jeweils die ganze Altersgruppe angeht, deutet sich auch darin an, dass der Gang in den Brunnen auch für Goldmaries Schwester ansteht.

Der Bedeutung solcher Übergangsrituale ist auf rationale Weise allein nicht nahezukommen. Es geht offensichtlich auch nicht nur um ein Ausleseverfahren der Lebenstüchtigen, vielmehr sollen diese Rituale jedem jungen Menschen an Leib und Seele einprägen, zu welchem Geschlecht und welcher sozialen Gruppe er künftig gehört. (In Westafrika z.B. wird das Mädchen in manchen Stammesgesellschaften erst nach der Initiation als eindeutig weibliches Wesen betrachtet; bis dahin gilt es im Blick auf sein Geschlecht noch als indifferent.) Eine beachtliche Fähigkeit, schwierige Situationen zu durchleiden und durchzustehen, wird dabei verlangt. Das Ganze ist auch alles andere als Selbstzweck. »Der junge Mensch in seiner Abgeschiedenheit ist ... nicht irgendwo, nicht in einem profanen Gebiet, sondern im heiligen Hain, in der Hütte, die der Leib des Großen Gottes (der Großen Göttin! I.R.) ist, also in Gott.«[10] Auch ist er in dieser Zeit keineswegs nur Beschwernissen unterworfen, sondern er wird »mit den manahaltigen Sacra des Stammes in Berührung gebracht, mit ihnen gestreichelt, geschlagen, in ihrem Gebrauch unterwiesen, er wird in eine magische Partizipation mit jenen Prinzipien gebracht, mit denen er es von nun an zu tun haben wird – gleichzeitig aber ist natürlich diese Einweihungszeit eine solche, wo der junge Mensch oder jeder Mensch im Übergang aktiv (oder passiv wie z.B. der Täufling) eine Verantwortung, eine Vorbereitung auf das neue Stadium im Leben erfährt.[11] Frazer weist darauf hin, dass das junge Mädchen mit seiner ersten Menstruation teil an einem so machtvollgefährlichen, heiligen Tabu bekam, dass es durch Absonderung, Nicht-Sehen der Sonne und Nicht-Berühren des Bodens erst einmal mit der Manakraft dieses Sacrums vertraut gemacht und zugleich vor ihm geschützt werden sollte.[12]

Was Goldmarie in ihrer Initiationszeit bei Frau Holle lernt, sind die Prinzipien des Umgehens mit ihren Kräften als Frau, mit den Dingen und Wesen der Erde, zugleich die »magische Hilfeleistung«, das Mitwirken am Lebensvollzug des Kosmos. In alledem erfährt Goldmarie einen Übergangsritus erster Ordnung. Denn eine weitere, vielleicht noch ältere Form von Übergangsriten, die auch durch das Holle-Märchen noch hindurchschimmert, bezieht sich nicht primär auf die Person des Initianden, sondern auf die Mitwirkung – gleichsam Geburtshilfe – bei den Übergangswehen der Erde von einer Jahreszeit[13] zur anderen. So hilft Goldmarie der Frau Holle, den Winter herbeizuführen, indem sie ihr das Federbett aufschüttelt.

Der frühe Mensch erlebte womöglich stärker als das Vergehen der Zeit die jahreszeitlichen Übergänge, vor allem den Transit vom Sommer zum Winter, vom Winter zum Sommer. Der Sommer »stirbt« im späten Jahr, wird zutiefst betrauert, als käme er nie mehr wieder; der Winter wiederum muss am Ende seiner Periode jedesmal buchstäblich getötet, ausgetrieben werden, damit schließlich der Sommer wiederkehren kann. Ursprünglich kannte man im germanischen Mittel- und Nordeuropa nur zwei Jahreszeiten, den Winter und etwas später auch den Sommer. Erst viel später kamen mit der Feier der Tag- und Nachtgleichen, mit dem Bewusstsein für die Übergangsjahreszeiten auch Namen für sie, nämlich »Frühling« und »Herbst«, auf. Die Bedeutung Frau Holles in den Jahreszeiten soll im Folgenden näher betrachtet werden.

Die größere Mutter finden

Frau Holle

Ich bin die Frau Holle«, so stellt sich die Bewohnerin des Hauses und offensichtlich Herrin des unterirdischen Landes vor, als Goldmarie ihr begegnet. Sie könnte sich nicht so – ohne jede weitere Beschreibung – vorstellen, wenn sie nicht eine bekannte Person und Wesenheit wäre.

Um zunächst auf den unmittelbaren Eindruck, den das Märchen von ihr vermittelt, zurückzukommen: Ihr Aussehen erweist sie als eine alte Frau, an der die großen Zähne auffallen, sie ist also eine Frau »mit Biss«, mit Vitalität. Ihre Worte an das Mädchen dagegen sind liebevoll auffordernd, wehren dessen aufkommende Angst ab, laden zum Bleiben ein, versprechen gerechten Lohn, den das Mädchen bei seiner bisherigen Mutter noch nicht hat kennenlernen können. Die Arbeiten, die Frau Holle interessieren, beziehen sich vor allem auf gutes Umgehen und sinnvolles Wirtschaften mit dem Lebensnotwendigen, mit Grundnahrungsmitteln wie Brot und Obst, und schließlich auch auf die Hauswirtschaft, die gute Ordnung und tägliche Erneuerung der Dinge: Kräftig aufgeschüttelt wünscht sie ihre Betten. Ihre Anordnungen beziehen sich zugleich auf die Zeit: Jeden Tag, regelmäßig, soll das Bettenaufschütteln, soll die Arbeit am Lebensnotwendigen geschehen.

Mit den Worten »dann schneit es auf der Welt« gibt sie sich allerdings auch als ein Wesen von besonderer Macht zu erkennen: Das Wetter auf der Erde bestimmen nur die Gottheiten! Goldmarie kann bei dieser Aufgabenstellung erahnen, worum es gehen wird: das Bett einer Göttin aufschütteln zu lernen und damit Wetter und Klima auf der Erde mit zu beeinflussen. Ein Dienst an der Göttin, ein Gottesdienst wird es sein! (Die Überlieferung sagt, dass eine Menstruierende Hagel abwehren könne, indem sie gegen die Hagelwolke ihre Röcke hebt.[1]) Auch sie selbst wird über diesem Dienst an Frau Holle eine kleine Wetterhexe werden.

Dass Frau Holle gerade hier angetroffen wird, im geheimnisvollen Land unter der Erde, sagt besonders viel über sie aus: Sie gehört zur Unterwelt, besser Anderswelt, weil sie die obere Welt nach der Tiefe hin transzendiert – damit gehört sie zum Bereich der Quellen, der Wurzeln, also der Region, in die sich die Samen und Keime der Pflanzen im Winter zurückziehen. Dort unten aber ist es fruchtbar, dort reifen die Äpfel, wird das Brot gebacken, während oben auf der Erde der Winter herrscht. Holle ist wohl ursprünglich eine Wintergöttin.[2]

Im übertragenen, symbolischen Sinn ist dieses Land jenseits der Brunnentiefe die Dimension seelischer Tiefe, das Reich des Unbewussten – dessen vielleicht auch, was das kollektive Bewusstsein verdrängt hat, nämlich was es überhaupt heißt und wie fruchtbar es sein kann, mit »Frau Holle« als einem Aspekt der »Großen Mutter« in unserer Seele in Kontakt zu kommen – einer überpersönlichen Mutter, die ungleich »größer« und umfassender ist, als unsere persönliche Mutter es je sein konnte.

Was ich selber für uns Heutige meine, wenn ich von Holle als »der Lebensmutter selbst« oder gar als »Göttin« spreche, ist die psychische Erfahrung, dass es einen Aspekt des Lebens gibt, in dem es vertrauenswürdig zugeht, in dem das Leben trägt und nährt: Ich erlebe in Zeiten, in denen Frau Holle in mir konstelliert ist, ein Grundvertrauen zum Leben, dazu, dass es zurückschenkt, wo ich mich einsetze, wo ich mich hingebe, so dass Aufgaben »dankbar« sind und das Geben und Nehmen stimmen. Ich fühle mich in solchen Zeiten bejaht und bedankt vom Leben. Deshalb kann ich in solchen Zeiten die Angst um mich selbst verlieren, die

Angst, für alles, was ich bekomme, übergroße Vorleistungen erbringen zu müssen, die Angst auch, letztlich nicht genug zu bekommen im Vergleich zu dem, was ich einsetze. Ich vermag mich selbst zu bejahen, weil ich mich als vom Leben bejaht erfahre. Es ist ein gutes Lebensgefühl, das mich trägt, wenn der Archetyp »Frau Holle« in mir konstelliert ist. Es ist, als stünde eine gute, wissende, auch wohlwollend korrigierende überpersönliche Mutter hinter mir. Der Archetyp Frau Holle, ein Aspekt des Mutter-Archetyps schlechthin, wirkt von innen her auf meine Erfahrung des äußeren Lebens, die zu der Zeit, in der Frau Holle aktiviert ist, positiv getönt sein wird. Er bewirkt aber auch, als emotional gefülltes Bild der Psyche, eine entsprechendes Vertrauen in die innere tiefere Welt, die Welt in der Tiefe des Brunnens, das Land der eigenen Seele. Wenn Frau Holle in mir konstelliert ist, erlebe ich meine eigene Tiefe als fruchtbares, blühendes Land, das Träume hervorbringt, Imaginationen, Einfälle. Es ist mir dann eine Freude, dorthin Kontakt aufzunehmen und die Brote, also Nahrung von dort, aus dem Ofen herauszuziehen und die Äpfel zu ernten, im symbolischen Sinne also auch Erosimpulse wahrzunehmen, aufzunehmen und sie nicht am Baum verfaulen zu lassen. Es wird mir in Begegnung mit dem Holle-Archetyp auch eine Freude sein, den Kontakt mit ihr zu halten und täglich die Betten der Holle aufzuschütteln, damit etwas Gutes – wie es das Schneien für die Natur sein kann – auch in der Umwelt und Mit-Welt geschieht. In Verbindung mit dem Holle-Archetyp werde ich auch wachsend ein Gespür für die Zeit bekommen, für das, was jeweils an der Zeit, wie auch für das, was an der Unzeit ist. So werde ich wachsend ein Gespür für den »Kairos«, den günstigen glückhaften Augenblick, in meinem Leben bekommen und in ihm das Nötige und Mögliche zu tun wagen, ihn nicht ungenutzt verstreichen lassen. »Frau Holle« kann ich in Träumen begegnen, wenn ihre Zeit für mich gekommen ist; ich kann sie auch imaginieren, als inneres Bild mit Phantasien umgeben und in einen inneren Dialog eintreten. Ich kann ihr einen fiktiven Brief schreiben, kann sie malen; kann aber auch Märchen und alte Volksüberlieferungen, die mit ihr zu tun haben, liebevoll sammeln. So nähre ich das Holle-Bild in mir, reichere es an und lerne dabei, mir selbst eine gute Mutter zu werden, mütterlich mit mir umzugehen – wie immer meine Erfahrung an der eigenen Mutter war. Ich kann aber letztlich auch einer Anziehung, einer Faszination folgen, die eine wirkliche Frau, eine weise Alte auf mich ausübt, kann sie um Rat angehen. Auch in solch einem lebenden Menschen kann ich den Archetyp der Frau Holle wahrnehmen, genauer gesagt: Das Holle-Bild erwacht in mir, indem ich jener wirklich weisen alten Frau begegne und das Holle-Bild auf sie projiziere. Nach einiger Zeit werde ich erkennen, dass meine Faszination vor allem auf dem Holle-Archetyp beruhte, einem inneren Bild in mir selber, das aber an ihr aktiviert wird, weil sich Vergleichspunkte, wenn auch auf menschliches Maß begrenzt, dafür bieten. Ich werde zu unterscheiden beginnen zwischen dem Holle-Archetyp, der mein eigenes kostbares Bild ist, mein inneres Bewusstsein und meine innere Berührbarkeit von Holle, und dem, was jene weise Alte mir wirklich zu geben vermag. Ich werde ihr dadurch adäquater begegnen, als wenn ich sie mit Frau Holle identifiziere. Alles in allem gilt: Vom Frau Holle-Archetyp berührt sein heißt, sich vom Leben bejaht fühlen und vom Leben getragen: und von daher motiviert, sich dem Leben zur Verfügung zu stellen, sich fürs Leben zu engagieren und nicht länger nur zu fragen: »Was habe ich vom Leben?«, sondern wirklich interessiert zu sein an der Frage: »Was will das Leben von mir?« – und in diesem Gebrauchtwerden vom größeren Leben die Erfahrung eines Sinns für das eigene Leben zu gewinnen.

An der Art und Weise, an der Vollmacht, in der Frau Holle zu segnen und zu verfluchen versteht – ihr Tun ist mehr als Belobigen und Bestrafen! –, erkennen wir einmal mehr das Wirken einer Göttin: Die eine junge Frau wird von ihr mit Gold überschüttet, ihr wird äußerer und innerer Wert verliehen, Ausstrahlung, sonnengleicher Glanz; die andere wird von ihr mit Pech übergossen, das ihr anhaftet wie eine klebrige Substanz und ihr die Kleidung, das Körpergefühl und das Leben verdirbt, beschmutzt und besudelt.

Ihr Maßstab ist eigentlich nur einer, und dieser gilt ganz konsequent: Sie misst danach, ob jemand den Ruf der Dinge – das Bett, das gemacht sein will, das Brot, das aus dem Ofen genommen sein will, sowie den Ruf der lebenden Wesen, des Apfelbaums, der abgeleert sein will – hört und dementsprechend handelt. In einem Parallelmärchen[3] zu »Frau Holle« kommt noch eine Kuh hinzu, die gemolken sein will, weil ihr Euter brennt, und Suppe, die vom Herd genommen sein will, weil sie sonst überkochen müsste …

Frau Holle weiß um die rechte Zeit, sie weiß, dass Goldmarie recht hat mit ihrem Wunsch, zur Oberwelt, zur Außenwelt, zu den Ihren zurückkehren zu dürfen, dass ihre Lehrzeit, ihre Initiation abgeschlossen ist. Sie weiß auch, dass Pechmarie zur Unzeit zu ihr gekommen ist und es deshalb nur »gerecht« ist, sie wieder zurückzuschicken.

Frau Holle weiß um die Eingangstür zu ihrem Reich – um den Brunnenschacht, in den man nicht freiwillig oder gar mutwillig, sondern nur aus innerer Notwendigkeit heraus hinabspringen darf. Sie weiß auch um das Ausgangstor in die Außenwelt, zu dem sie die Frauen nach bestandener oder auch nicht bestandener Initiation persönlich hingeleitet, zum Segen oder zum Fluch für deren künftiges Leben. In einem der Parallelmärchen[4] erscheint sie mit Schlüsselbund, sie hat also die Macht, Leben zu erschließen oder zu verschließen.

Eng korrespondiert mit ihr der Wetter- und Zukunftsprophet in der Oberwelt: der Hahn, ein Tier, das mythologisch manchen Bezug zur Unterwelt hat[5] und genau weiß und auch öffentlich verkündet, ob eine Pechmarie oder eine Goldmarie aus der Anderswelt, aus den Initiationsproben zurückkehrt. Er gibt ihnen zugleich einen neuen Namen: ein typischer Vorgang bei Initiationsriten.

Soviel wir wissen, galt es in alten Stämmen als schmählich und zog Sanktionen nach sich, wenn sich ein junger Mensch, für den es an der Zeit war, der Initiation zu entziehen versuchte, und er bedeckte sich mit Schande, wenn er sich nicht als bereitwillig und tapfer genug erwies.[6] Andererseits konnte es natürlich geschehen, dass junge Menschen – Frauen wie Männer – an den Initiationsproben scheiterten wie Pechmarie. Dies galt als eine ungünstige Konstellation fürs ganze Leben: als Pech. Entweder bekommt das Mädchen seine blutig gewordene Spule gereinigt wieder – es wird künftig im Rhythmus seiner Periode, im Zyklus seiner Fruchtbarkeit leben – oder es ist für das alles, das physische wie psychische Erleben der Menstruation und all dessen, was dazugehört, noch zu früh.

Auch als Herrin der Spule zeigt sich Frau Holle in diesem Märchen und damit des Spinnens überhaupt als Spinnerin des Lebens, des Schicksalsfadens. Daran soll die junge Frau, Goldmarie, von nun an selbst Anteil nehmen, indem ihr die Spule in die eigene Verantwortung zurückgegeben wird. Darauf, dass die junge Frau selber an ihrem Schicksal – vor allem an ihren Beziehungen – spinnen lernen soll, weist auch das Grimmsche Märchen »Die Nixe im Teich« hin, in dem die weise Alte der jungen Frau, die sie in ihrer Not aufsucht, ein goldenes Spinnrad in die Hand drückt, an dem sie spinnen soll, bis es ihr gelingt, ihren Liebsten aus dem Bann der Nixe zu lösen.[7]

Ebenso wie die Spule wahrscheinlich mit der Menstruation, also mit der weiblichen Fruchtbarkeit zu tun hat (ihre Form gleicht den Eierstöcken), so das Brot im Backofen – es wird im Märchen einer der im Freien aufgebauten, gewölbten Backöfen jener Zeit gewesen sein – mit dem

Schwangerwerden und dem Gebären, zu dem ebenfalls ein Wissen um die rechte Zeit unerlässlich ist. Spinnen und Backen gehören in früher Zeit zu den geheiligten Tätigkeiten im Dienst der Göttin, so wie das Fruchtbar-werden-Können, die Schwangerschaft an der lebensspendenden Fähigkeit der Göttin selbst Anteil geben.

Nicht zuletzt gehört zu der Göttin Holle, dass sie über das frühlingshafte Blühen der Wiesen, über das Fruchtbarwerden der Bäume regiert. Sie trägt die Natur als blühenden Garten um sich und in sich. Sehr ähnlich wie im Märchen »Frau Holle« wird ihr Wohnort auch in den Grimmschen Märchen »Die Nixe im Teich« oder »Die Gänsehirtin am Brunnen« geschildert, wobei sie auch noch Tiere um sich hat. In »Die Gänsehirtin am Brunnen« wird ihre Umgebung so geschildert: »Der Jüngling streckte sich auf die Bank unter einem wilden Apfelbaum. Die Luft war lau und mild: rings umher breitete sich eine grüne Wiese aus, die mit Himmelsschlüsseln (hier wieder das Schlüsselmotiv! J. R.), wildem Thymian und tausend anderen Blumen übersät war: mittendurch rauschte ein klarer Bach, auf dem die Sonne glitzerte; und die weißen Gänse (im Holle-Märchen: die fliegenden Gänseflaumfedern des Bettes!) gingen auf und ab spazieren oder puddelten sich im Wasser.«

Es ist also eine ganze Menge, was wir schon aus dem Text des Märchens und den vergleichbaren unter Grimms Märchen über Frau Holle erfahren. Doch war sie in der Entstehungszeit des Märchens, zu Lebzeiten der Brüder Grimm also, auch sonst eine noch gut bekannte Gestalt.

Die Brüder Grimm haben in ihren mythologischen Forschungen[8] eine Menge herausgefunden, was im Volk über sie im Umlauf war, zum Beispiel erfuhren sie von dem »Frau-Hollen-Teich« im Gebiet des Meißner, einem Gewässer, das damals noch 40 bis 50 Fuß Durchmesser gehabt haben soll. Die ganze Moorwiese sei von einem untergegangenen Steindamm eingefasst gewesen, und nicht selten sollen Pferde in ihm versunken sein. Ferner berichten die Brüder Grimm: »Von dieser Holle erzählt das Volk vielerlei, Gutes und Böses. Weiber, die zu ihr in den Brunnen steigen, macht sie gesund und fruchtbar; die neugeborenen Kinder stammen aus ihrem Brunnen, sie trägt sie daraus hervor. Blumen, Obst und Kuchen, das sie unten im Teiche hat und was in ihrem unvergleichlichen Garten wächst, teilt sie denen aus, die ihr zu begegnen und zu gefallen wissen. Sie ist sehr ordentlich und hält auf guten Haushalt; wenn es bei den Menschen schneit, klopft sie ihre Betten aus, davon die Flocken in der Luft fliegen.

Faule Spinnerinnen bestraft sie, indem sie ihnen den Rocken besudelt, das Garn wirrt oder den Flachs anzündet; Jungfrauen hingegen, die fleißig spinnen, schenkt sie Spindeln und spinnt selber für sie über Nacht, dass die Spulen des Morgens voll sind.

Faulenzerinnen zieht sie die Bettdecke ab und legt sie nackt aufs Steinpflaster; Fleißige, die sehr früh morgens Wasser zur Küche tragen in rein gescheuerten Eimern, finden Silbergroschen darin …

Gern zieht sie Kinder in ihren Teich, die guten macht sie zu Glückskindern, die bösen zu Wechselbälgen.

Jährlich geht sie im Land um und verleiht den Äckern Fruchtbarkeit, aber auch erschreckt sie die Leute, wenn sie durch den Wald fahren, an der Spitze des wütenden Heeres.

Bald zeigt sie sich als eine schöne, weiße Frau in oder auf der Mitte des Teiches, bald ist sie unsichtbar, und man hört bloß aus der Tiefe ein Glockengeläut und finsteres Rauschen.«[9]

Diese Nachrichten der Brüder Grimm über Frau Holle enthalten wertvolle Auskünfte über die jahreszeitlich gebundene Erscheinungsweise Holles, wie wir sie zum Teil auch im Holle-Märchen wiederfinden. So wird ihr Brunnen erwähnt, der vor allem – oder nur? – für Frauen zugänglich ist und der sie gesund, mehr noch fruchtbar macht, denn auch die Kinder stammen aus diesem Brunnen. Auf diesem Grundmotiv könnte das ganze Holle-Märchen aufgebaut sein, der Vorstellung, dass der Gang in den Brunnen die Frauen gesund und fruchtbar macht.

Übereinstimmend mit unserem Märchen wird auch Holles unterirdisches Reich, ihr Garten, erwähnt, der Blumen und Obst trägt, sowie ihr Kuchen. Nahrung in Fülle ist bei ihr vorhanden. Dazu gibt es bei ihr, wie das Märchen ergänzt, »alle Tage Gesottenes und Gebratenes«. Es ist allgemein bekannt, wie freigebig sie ist, wie gerne sie einlädt – alle diejenigen, die ihr zu begegnen und zu gefallen vermögen –, wird sie doch Hulda, die Huldvolle, genannt, jedenfalls gegenüber allen, die das Herz auf dem rechten Fleck haben und damit ein Gespür für das Stimmige, das eben jetzt getan werden muss.

Eine besondere Beziehung hat sie zu allen Spinnerinnen.[10] Schon in der Überlieferung von Frau Holle finden wir ihre unterschiedliche Einstellung zu den fleißigen unter den Spinnerinnen einerseits, zu den faulen andererseits, wie sie unser Märchen dann an den beiden Mädchengestalten Goldmarie und Pechmarie anschaulich macht. Fleiß heißt in diesem Zusammenhang gewiss auch, sorgfältig und ausdauernd am Lebensfaden zu spinnen, Verantwortung zu übernehmen, damit schließlich alles recht wird. Dabei erweist sich Frau Holle als die große Helferin.

Holle hat verschiedene Gesichter, die sie im Laufe des Jahres zeigt. Frühlinghaft blühend ist ihre Erscheinung, wenn sie jährlich im Frühling ihre Umzüge macht, um den Äckern Fruchtbarkeit zu verleihen. Ihre Frühlingsumfahrten[11] geschehen per Schiff – sie kommt aus dem Wasser – oder auf Wagen und Pflügen, Umzüge, die im Volk noch in christlicher Zeit so beliebt waren, dass sie kirchlicherseits immer wieder bekämpft wurden.

Winterlich unheimlich ist ihr Gesicht bei den eindrucksvollen Winterumzügen[12], die vor allem auch von Frau

Berchta berichtet werden, wenn sie an der Spitze des wilden Heeres, der Toten nämlich, durch die zwölf Rauhnächte fährt. In ihrer Eigenschaft als Herrin der Toten und der Geister vermag Frau Holle die Menschen auch zu erschrecken. Gerade in ihren Winterumzügen ist sie als die gestrenge Meisterin bekannt, die in den zwölf Nächten über Land zieht und die Frauen beim Spinnen überprüft: Wenn diese bis Dreikönig oder spätestens bis Fastnacht ihren Rocken nicht abgesponnen haben, dann mischt sich Frau Holle ein, verwirrt und verunreinigt ihren Flachs, oder die Spinnerin bleibt ein Jahr lang »sitzen«, wird von keinem jungen Mann umworben.[13] Das Spinnen hat also, wie aus dieser Bestrafung durch »Sitzenbleiben« geschlossen werden kann, immer auch erotische Bedeutung!

Im letzten Beispiel der Brüder Grimm, wenn sie als weise Frau des Sommers in der Mitte des Teiches erscheint, hat sie fast nixenhaftes Gepräge (so steckt sie wahrscheinlich auch in der Nixe des Märchen »Die Nixe im Teich«, deren anderer Aspekt deutlich die weise Alte ist[14]). Sie kann demnach auch in großer Schönheit erscheinen, was zu ihrem Namen »Holda« passt: die »freundliche, milde, gnädige Göttin, die von holdem Ansehen ist«.[15]

Das Rauschen aus dem Reich der Tiefe erinnert daran, dass ihr Reich im Wasser gründet, während das Glockengeläut anzeigt, dass dort auch etwas versunkenes Heiliges zu finden ist.[16]

Eine besondere Bedeutung haben für Holle die Phasen und Feste des Jahres wie zum Beispiel die Tag- und Nachtgleiche im Frühjahr, deren Symbolik im christlichen Osterfest zum Teil noch weiter lebt und gefeiert wird. Hierbei wachte sie sowohl darüber, dass die meist mehrtägigen hohen Jahresfeste wirklich gefeiert und nicht durch Arbeit profaniert wurden, als auch darüber, dass zu deren Beginn die notwendige Arbeit getan und auf gute Weise abgeschlossen war. Hiervon zeugt die Sage von »Frau Holle und die Flachsdiesse«, die manche Züge unseres Holle-Märchens erhält. Sie endet mit der sprichwörtlich gewordenen Wendung: »Am heiligen Abend vor Ostern muss die Diesse leer sein, sonst kommt die Frau Holle und bringt den Heckerling.«[17]

Im Sinne der Wiederentdeckung der Jahreszeitenfeste[18], insbesondere durch Frauen, wie sie in den letzten Jahrzehnten geschieht, will ich nun auch die jahreszeitliche Erscheinungsweise Holles und die zugehörigen jahreszeitlichen Übergangsriten an dieser Stelle noch weiter veranschaulichen.[19] Dabei beziehe ich mich neben den alten Quellen u.a. auf die reiche Materialsammlung, die Sonja Rüttner-Cova in ihrem Holle-Buch zusammengetragen hat, wenn sie dort auch vor allem unter dem Gesichtspunkt steht, Frau Holle als »gestürzte Göttin« zu beschreiben, deren Erbe gespalten und zu einem Teil auf Maria und die neuen Marienfeste übertragen wurde.

Holle im Festkreis des Jahres

Wie schon erwähnt, bezieht sich eine ältere Form der Übergangsriten nicht primär auf die Person der Initiation, sondern auf die Mitwirkung der Menschen, ihre Geburtshilfe gleichsam bei den jeweiligen Übergangswehen der Erde von der einen Jahreszeit zur anderen. So hilft Goldmarie der Frau Holle, den Winter herbeizuführen, indem sie das göttliche Federbett aufschüttelt. Im mythischen Vorstellungsbereich ist zu unterscheiden, ob es der Mensch, das Mädchen ist, der die Riten des Übergangs vollzieht, oder eine Wesenheit der Natur, die Göttin Holla, deren Übergangsphasen der Ritus unterstützen und befördern soll, indem der Mensch sympathetisch teilnimmt. Es ist grundsätzlich etwas anderes, wenn ein Übergangsritual in der außermenschlichen Natur stattfindet, etwa beim Übergang vom Frühling zum Herbst, vom Winter zum Frühling, von einem Jahr zum anderen. Nach der Sicht der frühen Völker ist der neue Frühling keinesfalls derselbe wie der alte, sondern es vollzieht sich gleichsam eine Neuwerdung, eine Neuschaffung des Frühlings, während der Winter sich zum Sterben bereiten, ja rituell getötet werden muss, um dem neuen Frühling Raum zu geben.

Der Mensch hat innerhalb dieses kosmischen Geschehens eine doppelte Aufgabe zu erfüllen: eine magische, nämlich den Übergang der Natur zu befördern, ihm Hebammendienste zu leisten, und eine vital-mystische, indem er mit den wechselnden Naturerscheinungen in den rechten sympathetischen Wechselbezug tritt, so dass er mit der sterbenden Natur trauert und mit der auferstehenden jubelt. »Die Riten des Anfangs dienen z. B. vorwiegend dem Interesse an kosmischen Zusammenhängen. Wenn der Mensch etwa den Eintritt in das neue Jahr mit einem Sprung, mit einem Tanz, mit Bräuchen aller Art feiert, so liegt diesen primär der Wunsch magischer Hilfeleistung an den Kosmos, und nur sekundär der Gedanke zugrunde, dass der Mensch selbst in die Natur eintreten und den Übergang mitmachen will.«[1]

Dieser Gedanke und die Vorstellung einer möglichen Kombination von beidem beschäftigt den heutigen Menschen wieder, der am äußeren Jahresvollzug die innerseelische Entsprechung erlebt und nicht mehr ohne Partizipation am realen jahreszeitlichen Geschehen sein will. Er möchte vielmehr wieder aktiv daran mitwirken, um etwa das ökologische Gleichgewicht auch beim Wechsel der Jahreszeiten erhalten zu helfen. In diesem Sinne feiern heute viele Menschen – vor allem Frauen – die alten Jahreszeitenfeste wieder neu, greifen das alte Brauchtum um die Göttin auf, das weit über das hinausreicht, was sich im christlichen Festkreis bewahrt hat.

Winterbräuche

Holla ist wohl ursprünglich eine Wintergöttin. Die indogermanischen Völker haben zuerst den unangenehmsten Abschnitt des Jahres, den Winter, durch einen Namen hervorgehoben, viel später erst wurde ein Name für den Sommer bekannt. Nach Wintern zählten die nördlichen Völker die Jahre, die südlichen nach Sommern. Die Zweiteilung des Jahres gilt als die älteste; bei den Griechen wurde die winterliche Jahreszeit als die dionysische, die sommerliche als die apollinische verstanden. In Mitteleuropa galt lange der November als Jahresanfang, der Mai als Beginn der Sommerhälfte. Bis in die Zeit Karls des Großen, um 800, wurden jährlich zwei allgemeine Thingversammlungen, eben im November und im Mai, gehalten. Die alt-angelsächsischen Ausdrücke »Midsumor« und »Midvinter« belegen die Zweiteilung des Jahres. Erst als man mit vier bedeutsamen Jahrpunkten zu rechnen begann, den beiden Sonnenwenden und den beiden Tagundnachtgleichen, wurde eine Vierteilung des Jahres populär.[2] Das Volk berechnete sie vielfach nach Naturbeobachtungen wie dem Kommen und dem Scheiden der Zugvögel, dem Auftauchen bestimmter Blumen, dem Einsetzen des Herbstes.

Die Beziehung Holle-Berchtas zum Winter wird vor allem an ihrer Bedeutung für die Rockenstuben deutlich, die im Spätherbst geöffnet werden, um an Lichtmess wieder zu schließen, wenn die Vorarbeiten auf dem Feld beginnen. Hier rücken vor allem die Frauen zusammen. Sie tauchen in den Brunnen ihrer Phantasien, ihrer Lied- und Erzählschätze ein. Die uralte Frauenkunst des Spinnens wird gelehrt, mit Liedern und Geschichten begleitet, und weibliches Wissen über die Zusammenhänge von Körper und Fruchtbarkeit, von Geburt und Tod wird ausgetauscht. So gilt die Winter-Holle zugleich als die Spilla-Holle (Spindel-Holle), die Spilla-Marthe oder Spilla-Lutsche (wohl abgeleitet von Lucia), wie sie in einem der Lieder genannt wird, die man beim Spinnen sang: »Spennt, Kinderle, spennt, die Spella-Lutsche kemmt, sie guckt zu allen Löchlein rein, das Stranla will bald fertig sein.«[3] Insbesondere am Dreikönigstag, der auf ihren alten Feiertag fällt, besucht Frau Holle die Spinnstuben. Bis zum Dreikönigstag oder spätestens bis Fastnacht soll ja der Rocken einer jeden Frau abgesponnen sein, sonst wird er womöglich durch Frau Holle selber verwirrt und verunreinigt, und es kommt Unsegen über die Spinnerin.

Während der zwölf Nächte pflegt sie diejenigen, die ihr die Ehrfurcht schuldig bleiben, zu foppen und zu ärgern, Ehrerbietung dagegen weiß sie zu der Zeit besonders reich zu beschenken. Holla, die die Keime unter der Erde hütet, für die Schneedecke sorgt und ihr Reich unter der Erde hat, ist im Winter den Menschen besonders nahe – so wie auch die Demeter des altgriechischen Mythos als die Trauernde, deren Tochter unter die Erde verschwunden ist, unter den Menschen wohnt.[4] Holle ist aber auch mit dem winterlichen Wind verbunden, der die Schneeflocken umherwirbelt, die Wolken jagt, im Ofen heult, poltert und rumort. Der Winter beginnt bei den Germanen, wie schon erwähnt, im November, wie auch bei den Kelten, die ihr großes Fest Haloween, ein Totenfest, in diesem Monat feiern.[5] An Allerseelen zeigen sich die Seelen als Kröten – der Holla heilig – und fahren durch die Luft wie weiße Nebel. Als Elben ziehen sie durch die Lüfte – als gute Holde zu Holla, der Holden gehörig –, oder als Huldrevolk zu der nördlichen Königin Huldre, ein anderer Name für Holle.

Perchta wiederum[6], auch Berchta oder Bertha genannt, die süddeutsche Variante der mitteldeutschen Holla, zieht zu den gleichen Zeiten wie diese mit den »Heimchen« beziehungsweise »Perchten« über Land. Die Sitten um Holla und Perchta bildeten von jeher einen besonders reichen Teil des deutschen Volksglaubens: Holla und Perchta waren ursprünglich vielleicht Glieder einer ganzen Dämonenhorde, traten aber allmählich als Einzelwesen auf. Das Hauptgebiet der Perchta ist Oberdeutschland, besonders Bayern, auch Österreich und die Schweiz. Holla dagegen ist besonders in Mitteldeutschland, in Thüringen, Hessen und Franken heimisch. Als beiden Gemeinsames besteht vor allem die Überlieferung, dass sie in einer Schar, die in den »Zwölften«[7], den Rauhnächten, umherzieht, ihren Ursprung gehabt haben und dass sie Führerinnen eines Seelenheeres der Toten und der Ungetauften waren. Zum Totenheer passt auch die alte Ableitung des Namens der Holla von »verhüllen« oder dessen der Perchta von »verbergen«.

In christlicher Zeit sind die umherziehenden Seelen dann einerseits zu Engeln geworden, andererseits zu Dämonen.

Aus dem Tanz der Elben wurde in den Augen mancher Kirchenleute ein Tanz der Hexen; andererseits wandelte man die Überlieferung von Hollas winterlichem Umzug mit den elftausend Elben, der für den 1. November überliefert ist, in die Legende von der heiligen Ursula mit ihren elftausend Jungfrauen[8] um, eine Legende, die übrigens auch Hildegard von Bingen besonders schätzte und die sie oft in ihren Hymnen anklingen ließ.[9] Sogenannte »Nachtfrauen« sollen als »gute Holden« bis ins 14. Jahrhundert hinein als Priesterinnen im Holla-Dienst gestanden haben. Der Mythenforscher Wolf schreibt: »Der Umzug der Holda mit den elftausend fällt auch in den Herbst, wo die Natur das Leben gleichsam verliert, wo dieses sich zurückzieht und die Sonne immer matter scheint. So sammeln sich dann die Elben und gehen in großem Zuge in ihre himmlische Wohnung zurück.«[10]

Rüttner-Cova beschreibt die Verwandlung der Sommer-Holla in die Winter-Holla: »Holla, die Fruchtbare, zieht sich zurück, und Holla, die struppige Alte mit den großen Zähnen, führt von nun an ihr winterliches Regiment. Allerheiligen, Allerseelen vertreten große, ältere Totenfeiern, an denen die Göttin mit Elben und toten Seelen umherzieht.«[11]

Auch hier wird noch einmal deutlich, dass Holle sehr schön – im Sommer – und sehr hässlich – im Winter – ist. Diese Doppelheit ihres Wesens findet sich in »den Hollen« wieder, maskentragenden Holden und Unholden, die zu Silvester oder Fastnacht – in manchen alemannischen Gegenden, auch in der Schweiz, noch heute – umherziehen und deutlich zum Gefolge Holles zählen. Winterstürme und Schneetreiben charakterisieren die Atmosphäre, in der die Winter-Holle erscheint, in der sie wilder auftritt als zu den übrigen Jahreszeiten, hierin der schon immer wilderen Berchta verwandt. In mancher Hinsicht ist sie aber im Winter auch geheimnisvoller. Zu Holles Wintergefolge gehören neben den schon genannten Elben auch Knecht Ruprecht, der getreue Eckhart und der sogenannte Hollen-Peter.[12]

Jul[13], abgeleitet von Jeochul, Schneesturm, ist das große Mittwinterfest, die Wintersonnenwende. Der November wurde früher vielfach als der erste, Dezember als der zweite Julmond bezeichnet. Ursprünglich meinen die Schneeflocken gewiss Frau Holles strahlendes, weißes Wintergewand – ein weißes Fell! Erst später, als man beim Schlafen das Fell mit den Federbetten vertauschte, wurden sie Gleichnis für die Flaumfedern.

Die Umzüge des Nikolaus mit seinem Knecht Ruprecht erinnern von ferne noch an Frau Hollas Umzüge mit ihrer Schar, die ebenfalls – so zum Beispiel in Franken – zu Weihnachten die Kinder besuchte, beschenkte, belobigte und bestrafte. All dies gehört in den Umkreis der Julfeier. Die Wintersonnenwende, wenn die Sonne wie Goldmarie im Märchen mit der Spindel und goldüberflutet aus der dunklen Zeit zurückkehrt, ist ein altes Fest, das die Wiederkehr der Sonne feiert. Die Sonne war gestorben, mit Jul wird sie wiedergeboren. Das Holler-Rad rollt.

Holles Lichtseite, um Jul wieder ans Licht gebracht, wird an vielen Orten auch in dem volkstümlichen Luciakult (von Lux = Licht[14]) weiterverehrt mit Zügen, die eindeutig an Holle beziehungsweise an Perchta erinnern, in diesem Zusammenhang auch »Spilla-Lutsche«, d. h. Spindel-Lucia, genannt, die ja bereits in ihrem Namen – Perchta ist die Leuchtende – lichte Eigenschaften hat. In gewissen Gegenden herrscht am Luciatag Spinnverbot, denn sonst sind am nächsten Tag die Spindeln verdreht, das Garn verwirrt. Noch bis 1913 beteten in Niederbayern die Menschen zur heiligen Lucia um gute Aussaat. Sie hätten ebensogut zu Perchta oder Holle beten können. Die Zusatznächte zum Sonnenjahr um St. Lucia gehörten der alten Göttin des Mondjahres. Schon darin, dass hier noch nach Nächten, nicht nach Tagen gezählt wird, zeigt sich matriarchale Tradition; im Erzgebirge heißen die zwölf Nächte noch heute die »Mutter-Nächte«.[15]

Die Übergangszeit zwischen den Jahren gilt wie alle großen Übergänge als gefährlich, sie ist mit Schwellenangst besetzt und ruft nach Abwehr und Schutzmaßnahmen, wovon viele alte Bräuche zeugen. Holla und vor allem Perchta sind in diesen zwölf Nächten »los«, unterwegs mit ihrem wilden Heer aus toten Seelen und zahlreichen mächtigen Begleitern. Im Schneesturm (Jul), im Brausen des Windes hört man ihre Stimme, sie rütteln an Tür und Tor, fallen ein durch den Kamin, rumoren und poltern im Ofen.

Man opfert ihnen Äpfel – die Äpfel des Holle-Baumes! – und Nüsse (noch heute hängen Äpfel und Nüsse am Weihnachtsbaum: unbewusste Opfer an Holla?). Die wildere Perchta wird mit Grütze, Fisch und Bier bewirtet, Gaben, die die Göttin im Laufe des Jahres den Menschen selber geschenkt hat und von denen sie ihr nun dankbar zurückgeben.

Brot und Wein, Brot und Bier sind Gaben der Göttin, die zum Frauenbereich und zu allen großen Feiern gehören. Die Herstellung der heiligen Speisen galt als Ehrenaufgabe der Frau, auf matriarchaler Kulturstufe war sie eine religiöse Handlung. Den heiligen Bereich der Göttin auf den Alltag der Frau zu übertragen, bedeutet, dass die Frau in ihrer Tätigkeit auch gleichzeitig Priesterin der Göttin ist.[16] Jede Kunst des Backens und des Brauens, wie schon längst die des Ackerbaues, hatten die Frauen – ehe sie auf die Männer übergingen – jahrtausendelang selbstständig inne. Noch bis ins 15. Jahrhundert hinein lag zum Beispiel in Frankfurt das Braurecht mehrheitlich in den Händen von Frauen.[17] In den winterlichen Wettererscheinungen sahen die Menschen die Göttin selber brauen, so wenn sich Nebel oder Gewitter »zusammenbrauten«, während sie im Hochsommer vor allem kochte und buk.

Mit den zwölf Nächten und ihren brauenden Wettern sind zahlreiche alte Wetterorakel – wie eine dieser zwölf Nächte, so sollte der entsprechende Monat des kommenden Jahres werden – und Lebensorakel verbunden. Zu Silvester gießen wir dementsprechend noch heute Blei oder legen Karten, um etwas über die Zukunft zu erfahren.[18]

Eine großartige mythische Vision aus jener frühen Zeit zeigt Frau Holle – hier wahrhaft göttlichen Wesens und Wirkens –, wie sie aus dem Flachs, der während der zwölf Nächte gesponnen wurde, ein Netz anfertigt, mit dem sie die Toten des kommenden Jahres auffängt.[19] Sie ist Todesgöttin und Lebensgöttin in einem. In ihrem Winterbrunnen bewahrt sie die toten Seelen und die werdenden Kinder. Frosch und Kröte, aber auch der Storch sind die ihr geweihten Tiere[20], und an ihrem Brunnen werden Frauen fruchtbar, wie wir hörten.

Das Dreikönigsfest mit dem wegweisenden Stern schließlich erinnert an Perchta, die »Leuchtende«. Als »Pephania« (Epiphania) geht sie in Italien am Dreikönigstag (Epiphanias) von Haus zu Haus und beschenkt die Kinder. Der Dreikönigstag, der 6. Januar, ist ihr alter Festtag in christlichem Gewand.[21]

Der Holle als Mutter des Todes und des Lebens wurden Opfer bereitet in Gestalt eines Gebäcks, »Hollenzopf« genannt. Zu Weihnachten schenkte man ihr »Hollabrot«.[22] Als Frosch aber wird Holla den roten Apfel, Symbol des Lebens und der Sonne, zurück zur Erde bringen, herauf aus dem Brunnen, in den er im Herbst gefallen war.

Frühlingsbräuche

Im Frühling, wenn der Schnee getaut ist und überall die Wasser rinnen, kommt Holles Beziehung zum Licht und zum Wasser besonders lebendig zum Ausdruck. So ist aus Hessen – der Region, in der die Holle-Verehrung besonders lange bewahrt wurde – der Brauch überliefert, am Ostermorgen in aller Frühe Brunnen und Bäche aufzusuchen, um

Wasser zu schöpfen, das zu diesem Zeitpunkt als besonders heilkräftig galt.

In der ältesten Fassung unseres Märchens, der Ausgabe der Grimmschen Märchen von 1812[1], ist Goldmarie übrigens beim Wasserschöpfen in den Brunnen gestürzt, als sie sich allzutief hinabbeugte. Lebenswasser wollte dieses so stiefmütterlich behandelte Mädchen schöpfen, dabei stürzte es in die Tiefe. Dort landet es auf der bekannten frühlinghaft blühenden Wiese und tritt den Weg zu Backofen und Apfelbaum an. Sie erwacht im »Frühlingsreich« der Holle, das auch das Erwachen der jungen Frau zum Blühen, zum Eros bedeuten mag. Auch Odysseus erwacht bei seiner Hadesfahrt auf der Asphodelos-Wiese. Die Wurzelknollen des Asphodelos sind den Göttinnen Demeter und Persephone geweiht, deren Mythos manches mit unserem Märchen gemeinsam hat[2], wie wir bereits sahen.

Der Frühling ist im Sinne des Holle-Märchens auch der Zeitpunkt, in dem die Märchenheldin als Goldmarie, als Sonne gleichsam, wieder emportaucht. Frühmorgens, wenn der Hahn kräht, im Frühling des Jahres, kehrt sie wieder als strahlendes Licht.

Das Froschkönig-Märchen – der Frosch war Frau Holle heilig – enthält eine ähnliche Thematik. Auch hier fällt die goldene Kugel – die Sonne? – in den Brunnen, und der Frosch, ein äußerst wandlungsfähiges Brunnentier, holt schließlich die goldene Kugel wieder herauf. Dahinter steht konkrete Beobachtung: Sieht man Frösche aus ihren Überwinterungsorten hervorkommen, steht auch der Frühling vor der Tür. Vielleicht war der Frosch eine alte Vegetationsgottheit, die zu Holles Gefolge gehörte. Er bringt also die Sonnenkugel zurück und damit den Frühling, den Neubeginn aller Vegetation. Zugleich schildert das Märchen die Verwandlung und Erlösung dieses Frosches, der, wie sich herausstellt, ein verwunschener Prinz ist, der schließlich die Märchenheldin heiratet: »Der Neubeginn wird im alten

Kult als heilige Hochzeit, als Verbindung von Mutter Erde und Vegetationsgott nachgelebt.«[3] So versinkt die Sonne im Herbst und Winter im Brunnen und taucht im Frühling wieder auf.

Diese mythische Vorstellung steht hinter dem Jungbrunnen, und Holle ist es, die sich in Gestalt der »Osterjungfrau« an einem jeden Ostermorgen noch vor Sonnenaufgang zu baden und zu waschen pflegt. Der Jungbrunnen ist Holle zugeeignet, zugleich stellt er sie selber dar. In einer hessischen Sage erscheint sie am Ostertag bei ihrem Bad vor Sonnenaufgang einem Weber – die Weber waren es, die Holles Frühlingswagen zogen und insofern zu ihrem Gefolge gehörten – und erklärt dem von ihrem Anblick verwirrten Mann: »Und davon bleibe ich immer schön und jung.«[4]

Holle nimmt also im Frühling wieder die Schönheit, den Glanz einer leuchtendweißen Jungfrau an – so ist die junge Goldmarie Holles verjüngte Gestalt als Tochter, wie Kore/Persephone die Tochter Demeters ist, die ebenfalls an jedem Frühling aus der Unterwelt wieder emporsteigt. Es ist ja möglicherweise erst unter christlichem Einfluss geschehen, dass man die ehemalige Göttin Holle dämonisiert und sie sich nur noch als hässlich, langnasig, großzahnig und mit wirren Haaren vorstellt – zum »Abgewöhnen« für ihre Verehrer! Aber zugleich spricht auch vieles dafür, dass ihre sich wandelnde Gestalt schon zu dem ursprünglichen Doppelaspekt dieser Göttin gehört und sie die frühlinghaft Schöne und die winterlich Hässliche ist, alt und jung in einem, respekteinflößend und faszinierend.

Zu den wichtigsten volkstümlichsten Frühlingsbräuchen gehört Holles Frühlingsfahrt[5] – ein Umzug mit einem Pflug, der über Land gezogen wurde, oder gar mit einem Schiff –, die Ackerbau und Schiffahrt auf den nun eisfreien Flüssen wieder beleben sollte. Das Volk zog jubelnd und übermütig mit und hing in christlicher Zeit noch so lange an diesen Umzügen, dass die Kirche sie immer wieder verbot. Die

Fastnachtszüge und die frühlinghaften Flurprozessionen gehören in diesen Zusammenhang und sind letzte Reste der alten Holla-Fahrten, mit denen die Kirche sich schließlich arrangierte.

Der Ausdruck »Hollefahren«[6] wurde übrigens auch für das Nachtwandeln benutzt, für das Eintauchen in unbewusste Bereiche, in Traum, Imagination und Vision, und galt als ein Vorgang, der nicht ungefährlich war. So wusste man von Holle-Fahrern zu berichten, die sich »schlafwandlerisch« auf schmalen Graten und steilen Felswänden fortbewegten, bis man sie anrief. Geschah dies aber, dann erstarrten sie vor Schreck und brachten sich manchmal in große Gefahr.

Holle und Perchta werden gelegentlich mit den römischen Göttinnen Venus oder Diana gleichgesetzt.[7] Sie haben eine innere Verwandtschaft mit den griechischen-römischen Fruchtbarkeits- und Liebesgöttinnen. Natürlich ist Frau Holle ebenso verwandt mit Artemis oder Diana, der göttlichen Jägerin, die mit dem Wild, mit Wald und Flur, Wind und Wetter eng verbunden ist. In dieser Gleichsetzung kommt auch ihr freier, schweifender Zug zum Vorschein, der sie über eine bloße Muttergöttin erhebt. Es ist ein Zug, der auch der »Sonnenmutter« in dem gleichnamigen österreichischen Märchen eignet.[8] Ihr schweifender, ekstatischer Zug kommt vor allem in den Walpurgisfeiern des Frühsommers zur Geltung, die ja häufig auf dem Brocken oder dem Blocksberg im Harz begangen wurden, der wie der Meißner ein Holleberg war.[9]

Holla, die göttliche Spinnerin, beginnt im Frühling aus dem Wintergarn das Vegetationskleid der Natur zu weben. Auch die Frauen sollen im Frühjahr die Spinnstuben verlassen, um mit der Feldarbeit – zu der auch der Flachsanbau gehört – beginnen zu können. Sobald im Frühjahr die Frösche »garren«, darf des Abends nicht mehr gesponnen werden, sonst, so heißt es, »fräßen die Frösche am Sommertage den Flachs ab«.[10] Eine österliche Sage mit dem Titel »Frau

Holle und die Flachsdiesse« erzählt davon, dass der winterliche Flachs rechtzeitig vor Ostern wegzuspinnen ist, und trägt außerdem manche Züge unseres Holle-Märchens.

»Frau Holle und die Flachsdiesse
Zu Claustal wohnten einst zwei Mädchen, die hatten nicht Vater noch Mutter und mussten sich deshalb von ihrer Hände Arbeit nähren. Das einzige, womit sie sich noch etwas verdienen konnten, war Spinnen. Das eine Mädchen spann recht fleißig; das andere aber schwatzte gern und brachte damit viel Zeit hin, und des Abends fing es gleich an zu nicken und zu schlafen. Daher hatte denn das fleißige Mädchen so recht seine Not mit der faulen Schwester.

Nun kam Ostern ins Land, und am Abend vor dem Feste flammten die Osterfeuer auf allen Höhen rings um die Stadt. Da konnte es die Faule nicht im Hause aushalten, sie musste hinaus, um die Osterfeuer zu sehen und Kurzweil zu treiben. Die fleißige Liese aber saß am Spinnrade und spann; denn sie wollte ihre Diesse vor dem Fest ganz leer haben. Eben schlug es elf, da ging die Tür auf, und herein trat eine schöne Frau, die trug ein weißes, seidenes Kleid, hatte lange, goldgelbe Haare, und in der Hand hielt sie eine Flachsdiesse, so weiß wie Silber und so fein wie Seide. Mit freundlicher Stimme grüßte sie das gute Mädchen, das eben seinen letzten Flachs als Faden auf die Rolle laufen ließ, befühlte das Garn und sprach:

›Fleißige Liese,
leer ist die Diesse,
fein ist der Faden,
bist wohlberaten.‹

Dann berührte sie das Spinnrad mit ihrer goldenen Diesse, lächelte freundlich und verschwand. Und wer war das? – Es war die Frau Holle.

Die fleißige Liese ging bald darauf zu Bett. Ihre Schwes-

ter kam später nach Haus und legte sich auch hin. Als nun die beiden Mädchen am Ostermorgen aufstanden, da stand statt des hölzernen Spinnrades ein goldenes da, das funkelte und glitzerte ganz prächtig, und das Garn, das die Liese gesponnen hatte, war so fein und weiß wie Seide. Und als sie nun erst an das Abhaspeln ging, da wollte das Garn auf der Rolle kein Ende nehmen; sie mochte noch so viel abhaspeln, die Rolle blieb voll. Das war eine Freude für die Liese! Als aber die Faule nach ihrem Spinnrad sah, da fand sie zu ihrem großen Schrecken statt des Flachses Stroh auf der Diesse, und in ihren Kästen lag statt der Leinwand, die sie darin aufbewahrte, nichts als Häcksel. – Darum spricht man auch noch jetzt: Am heiligen Abend vor Ostern muss die Diesse leer sein, sonst kommt die Frau Holle und bringt den Häckerling. «[11]

Auch hier kommt es darauf an, dass zur rechten Zeit das Notwendige getan ist. Die Voraussetzung dafür, dass Holle ihren Segen schenkt oder versagt, wird auch hier an zwei Schwestern demonstriert, denen die Mutter fehlt, die aber eine sehr gegensätzliche Einstellung zu dem haben, was jeweils zu seiner Zeit getan sein will. Der Ostermorgen vor allem verlangt gebieterisch, dass das winterliche Flachs versponnen ist. Am Osterfeuer – der Text weist hier auch auf die vielfache Sitte der Frühlingsfeuer hin, in denen alles winterlich Alte verbrannt wird – kann im Sinne Holles nur diejenige teilnehmen, die ihre Diesse zuvor abgesponnen hat, so sehr wir dem anderen Mädchen die Freude an der Kurzweil der Osterbräuche gönnen würden!

Frau Holle, wie sie ausdrücklich genannt wird, erscheint hier wieder in ihrer holden, frühlinghaften Schönheit, im weißseidenen Kleid mit den langen, goldgelben, sonnengleichen Haaren. Sie selber hat eine goldene Diesse – ist sie doch selber Spinnerin, die das hölzerne Spinnrad der fleißigen Liese verwandelt.

Die »Faule« aber, die Nachlässige und Leichtsinnige, die Frau Holles Ordnungen nicht anerkennt, findet nicht nur kein Gold: Frau Holle hat vielmehr, spürbar verärgert, deren Flachs in Stroh verwandelt und deren Leinwand in Häcksel.

Dass die fleißige Schwester – da beide bitterarm und ohne Mutter sind – für sie beide aufkommen muss und die Faule auf deren Kosten lebt, mag Frau Holle nicht. Angesichts solchen »Drohnentums« ist nicht mit ihr zu spaßen; sie ist nicht harmlos, so gütig sie sein kann.

Unser Osterfest, das noch immer den Namen der germanischen Frühlingsgottheit »Ostara« in sich enthält – wohl ein Frühlingsaspekt der Holle oder Freya –, löste deutlich das alte Fest ab. Die Göttin verbirgt sich noch in alten Ortsnamen wie Osterode (Harz), Osterburken (fränkisch-badisch) und Osterfingen (schweizerisch). Sie ist die Göttin des aus dem Dunkel wiedergekehrten Lichtes, so wie Ostern das Fest des gestorbenen und strahlend wieder auferstandenen Christus ist! Sein Termin fiel in etwa auf die Tag- und Nachtgleiche im Frühjahr beziehungsweise auf den Frühlings-Vollmond. Im Lied eines altsächsischen Bardenchores wird Ostara als der Erde Mutter bezeichnet:

»Eostar,
Erdhan modor,
lasse diesen
Acker wachsen
und grünen,
ihn blühen,
Früchte tragen.
Friede ihm!«[12]

Um die Tagundnachtgleiche herum ist die Wiederkehr des Frühlings – von zurückkehrenden Kälteeinbrüchen und Schneeschauern bedroht – noch sehr gefährdet. Um so festlicher wird er begrüßt, etwa mit dem Ausdruck: »Die Zieth empfahen« (schweizerisch: die Zeit empfangen).[13] Am dringlichsten wurde der Frühling selbstverständlich in Zeiten erwartet, in denen es noch hart war, den Winter zu bestehen. Hatte man doch Mangel an Beleuchtung und Beheizung, lebte nicht selbstverständlich in wetterfester Behausung, in winterfester Kleidung! Da begrüßte man den Frühling ganz besonders. Deshalb dienten viele Bräuche um die sich wandelnde Holle einer Darstellung des jahreszeitlichen Ringens zwischen Winter und Frühjahr. Oft geht es geradezu um einen Ringkampf, in dem die winterliche Erscheinung der Holla, oft als Strohpuppe dargestellt, verbrannt wird. Noch Luther kennt diese Gestalt, spricht er doch einmal von der Holle mit dem »Stroharsch«, ein andermal übersetzt er respektvoll den Namen einer alttestamentlichen weisen Frau und Prophetin mit »Hulda«, also Holle.[14]

Die Frühlingsfeiern, so vielgestaltig sie sind, haben vier gemeinsame Aspekte:

1. Den Natur- und Jahreszeitenaspekt, bei dem es um die Ablösung des vergangenen Winters durch den Frühling geht;
2. den Liebes- und Fruchtbarkeitsaspekt, in dem es um Mitvollzug und Mitwirkung bei der aufsteigenden Kraft des Jahres und der Fruchtbarkeit der Erde geht;
3. den Todesaspekt, in dem sich ausdrückt, dass man alle Fruchtbarkeit des Frühlings letztlich von den Kräften unter der Erde, aus der Unterwelt und dem Totenreich erwartet (noch der Karfreitag als Trauerfeier um den Tod Christi gehört in diesen Zusammenhang);
4. den Auferstehungs- und Erlösungsaspekt, wie er sich im Holle-Märchen, aber auch im Märchen vom Froschkönig darstellt, und letztlich – auf einer neuen religiös-spirituellen Stufe – im christlichen Osterglauben.

Diese vier Aspekte erscheinen in zahlreichen Frühlingsbräuchen, zu denen etwa auch das »Todaustragen« und das

»Sommerbringen« gehört, wobei das letztere vor allem den Mädchen oblag, das erstere den Burschen.[15]

Als Frühlingsvorboten beachteten die Germanen vor allem die Rückkehr der Zugvögel, so galt zum Beispiel die Schwalbe als ein heiliges Tier der Göttin. In Hessen wurde die Ankunft der ersten Schwalbe vom Turmwächter öffentlich angezeigt. Mit ihrer Ankunft konnte zugleich – so glaubte man – Friede in das Haus einziehen. Oft begann daher auch der Frühling schon am 2. Februar, dem Tag, auf den die Kirche später das Fest »Mariä Lichtmess« legte, oder spätestens am 25. März, also Mariä Verkündigung. Eine Vorstellungsverbindung, von der ein alter Spruch noch zeugt:

»Auf Mariä Verkündigung
kommen die Schwalben wiederum.«[16]

Um mit dem Brunnen, mit dem wir unsere Betrachtungen über die Frühlings-Holla begonnen haben, auch zu schließen: Es besteht noch heute die Sitte, den Dorfbrunnen im Frühjahr zu reinigen, ihn mit Frühlingsblumen zu schmücken und ihn damit als Wohnort und Schoß Frau Holles zu ehren. In diesem Reinigungsritual des Brunnens »wird die Göttin als Wiedergeborene, Befruchtete und ewig Junge gefeiert«.[17]

Sommerbräuche

Schon im Holle-Märchen weist uns die Begegnung mit dem Backofen auf die Sonnenglut, das Sonnenfeuer hin, in dem alle reifende Saat – Korn und Flachs, Raps und Mais – gleichsam »ausgebacken« wird, aber auch rechtzeitig vor dem Verdorren und Verbrennen geerntet werden muss.

Die Sommer-Holle ist eine Brot backende, wilde Frau mit rotgoldenen Sonnenhaaren.[1] Das Backen war ein heiliges Geschäft, zuerst ein Tun der Göttin und davon abgeleitet eine Domäne der Frau. Die Frauen pflegten hochzuspringen und zu jauchzen, wenn wieder ein Brotlaib eingelegt und der Ofen verschlossen war – ein Ritus, durch den das Brot in Dankbarkeit gegenüber der Göttin zum Gedeihen gebracht werden sollte. Wenn man ein fertiggebackenes Brot herauszunehmen vergaß, nahm man diese Ungeschicklichkeit früher derart ernst, dass man einen künftigen Todesfall im Hause befürchtete. Was Frau Holle einmal war, eine Fruchtbarkeitsgöttin am gewaltigen Backofen der Natur – sie chüechlet, sagte man in der Schweiz –, das hat man nach ihr auch Maria zugeschrieben, so dass man in Schwaben beim Abendrot, das gutes Wetter verheißt, zu sagen pflegte, jetzt backe die Mutter Gottes ihre Küchlein. Das Zubereiten des Wetters zu Sonnenschein oder Regen bezeichnete man überhaupt als »Frau Holles Backen«.[2]

Einen direkten Hinweis auf den Holle-Kult um die Mittsommerfeier, die Sonnenwende – christlich Johannistag – gibt der um diese Zeit in üppiger Blüte stehende, mit seinen filigranartigen weißen Dolden wie unter einem Spitzenschleier stehende Holunder[3], der seinen starken, herben Duft verbreitet. Seine alte Schreibweise Hollunder, Holler, darf man wohl doch trotz einzelner etymologischer Unklarheiten[4] mit Frau Hollas Namen in Verbindung bringen. Noch heute lebt in Österreich und in der Schweiz der Brauch, dass Männer ihren Hut ziehen, wenn sie an einem Holunderstrauch vorübergehen. Denn er war der Frau Holle heilig. Nach dänischem Volksglauben ist es die Hyldemoer oder Hyllefrau – gewiss ist Holle gemeint –, die im Holunder wohnt.[5] Auch hier ist Maria die Nachfolgerin: Eine Sage aus dem Odenwald[6] erzählt, dass anstelle der Gnadenkapelle auf dem Schneeberg einst ein Holunder gestanden habe, auf den sich unbegreiflicherweise immer wieder ein Muttergottes-Bild niedergelassen habe, das nun in der Kapelle zu sehen ist. Womöglich war es die alte Stätte eines Holle-Bildes, an der nun Maria wohnen soll.

Viele Johannisbräuche um den Holunder sind bis heute lebendig geblieben: Etwa Holunderwein aus seinen Blüten zu gewinnen oder sie in Schmalz zu backen, um dadurch das ganze Jahr über vor Krankheiten geschützt zu sein. Im Mittelalter wurde die Heilkraft des Holunders, die vor allem in der Zeit seiner Blüte, also um Johannis, stark war, hoch geschätzt. Der Tee aus seinen Blüten reinigt das Blut, gilt als schweiß- und wassertreibend, wirkt also gegen Fieber, aber auch gegen Rheuma, Gicht und Halskrankheiten. Seine Blätter helfen gegen Ekzeme und andere Hautkrankheiten. Seine Wurzeln und auch seine Rinde gelten als heilkräftig, können als Abführ- oder Brechmittel gebraucht werden.

Kein Gehöft, kein Haus war früher ohne seinen Holunderstrauch, in dem man die Wohnung des guten Hausgeistes, früher wohl der Holle selber, glaubte. Auch lebten unter dem Holunder gemäß dem Glauben des Volkes die Verstorbenen. Die Friesen bestatteten lange Zeit ihre Toten unter dem Holunder und nahmen die Maße des Sarges mit einem Holunderstab.[7]

In Ostthüringen, einem Zentrum des Holla-Kultes, war der Sonnenwendtag den Toten geweiht, deren Gräber u.a. mit Holunderzweigen geschmückt wurden als Ausdruck von Hoffnung und Trauer zugleich. Dementsprechend wurden Holunderzweige vor allem auch als Lebensruten betrachtet; der Holler galt als »Baum des Heils«. Fieber konnte auf ihn übertragen werden, das heißt, er nahm es auf sich und dadurch den Menschen ab. Ein alter Heilspruch dieser Art lautete:

»Zweig, ich biege dich,
Fieber, nun lasse mich …«[8]

Vor Seuchen und Feuer vermochte der Holunder zu schützen, vor Bezauberungen und allem Bösen. Wenn man einen Ast schneiden wollte, kniete man vor ihm nieder und sprach: »Frau Ellhorn (d.h. Holle), gib mir was von deinem Holz...« und versprach eine Gegengabe, ein Opfer.[9]

In der Mittsommernacht wurden die lodernden Sonnenwendräder – Feuer ist das Element der Läuterung und der Wandlung – von den Höhen gerollt, so wie die Sonne von nun an von der Höhe des Jahres hinabrollen wird. Die Sonnenwendfeier hatte auch einen erotischen Akzent. Bilder der Heiligen Hochzeit, die zum frühen Göttinnenkult gehörten, schimmern hindurch, wenn im Thüringer Wald noch immer das Sprichwort umgeht:

»Auf Johannistag ... blüht der Holler –
da wird die Liebe noch toller.«[10]

Die Regengüsse des Monats Juni, die Sommergewitter stellen die Heilige Hochzeit von Himmel und Erde dar, wobei der Regen als befruchtendes Prinzip die Mutter Erde durchdringt. Die Mittsommerriten sind also eine Analogie zu den großen Gesetzmäßigkeiten in der Natur, an denen sie teilnehmen, die sie gleichsam fördern wollen. Frauen begossen eine Puppe aus Kräutern und Zweigen mit Wasser, badeten sich selbst im Fluss wie im befruchtenden Regen. Auch das Brunnenwasser soll an Johanni besondere Heilkraft haben.

Leidenschaftlicher noch geht es in anderen Bräuchen zu, wie sie aus dem Saalfeldischen überliefert sind: Dort tanzten in der Johannisnacht die Mädchen um den Flachs, zogen sich schließlich nackt aus und wälzten sich darin. »Der Zauber der Nacktheit und das Wälzen von Paaren auf dem Acker und im Gartenland kam öfter zur Ausübung.«[11]

Selbstverständlich drückt sich die erotische Feuernatur der Sommer-Holle auch in den Johannisfeuern aus, die umtanzt und übersprungen wurden, vor allem von Liebes- und Brautleuten, aber auch von Frauen, die dadurch eine leichtere Entbindung erhofften. Von der Höhe dieser Sprünge über das Sonnenwendfeuer wurde die Höhe des Flachses, zu der er noch heranwachsen würde, abhängig gemacht, auch wurde dessen Qualität durch den Wunsch, den man beim Springen aussprach, beeinflusst. Wer keine Scheite ins Feuer gab, konnte auch nicht erwarten, dass sein Flachs wuchs.[12]

Auch der Backofen hat im Volksglauben übertragene Bedeutung: Ein Blick in den Backofen kann einem unter bestimmten Bedingungen den zukünftigen Geliebten zeigen, aber auch das künftige Kind. Dem Zusammenhang zwischen Sonnenwende und Backofen entsprechen auch bestimmte Bräuche, wie sie vom Niederrhein überliefert sind: Dort wird an Johannis das Herdfeuer neu angelegt, das alte Schärholz zerstoßen und unter das Saatgut gemischt. Mancherorts wird das Feuer auch gelöscht, um sodann ein Rad so lange an einem Pfahle zu drehen, bis es heiß läuft und Feuer fängt – der Anfang eines neuen Herdfeuers, dessen man in der kühleren Jahreszeit des Herbstes und des Winters bedarf.

Herbstbräuche

Der Apfelbaum mit den reifen Früchten steht im Märchen für den Herbst, in dem natürlich ebenfalls Holle regiert. Im Herbst, wenn die Früchte reif sind, ist Erntezeit, doch wird ein eigener Name für Herbst erst mit dem Beginn des Obst- und Weinbaus in Mitteleuropa gebräuchlich. Schon seit der Megalithzeit kennt man jedoch die Kultur des Apfelbaums in Mittel- und Nordeuropa. Bei der Apfelernte sollte man immer einen oder auch zwei Äpfel am Baum hängen lassen als Dankopfer an die Göttin und Garant für die Fruchtbarkeit im nächsten Jahr.[1]

Nach dem Volksglauben wird der Herbstbeginn auf einen Tag gesetzt, an dem die Schwalben unsere Gegend verlassen, das ist häufig der 8. September, der Tag von Mariä Geburt – auch hier wieder die Verbindung eines früheren Holle- mit einem späteren Marienfest, die für die christliche

Zeit so typisch ist.[2] Konnte man doch Holle nicht lassen und verehrte sie in Maria weiter! (ein Zusammenhang, der in all seiner Dialektik von Sonja Rüttner-Cova in ihrem Buch »Frau Holle, die gestürzte Göttin« überzeugend herausgearbeitet ist).

Die Tagundnachtgleiche des Herbstes wird von alters her als ein Opfer- und Erntedankfest[3] gefeiert. Frau Holle wurde das letzte Halmbüschel geweiht, das nicht geschnitten werden durfte. Zugleich beging man zur Tagundnachtgleiche auch ein Totenfest, bringt doch der Herbst auch Abschied vom Vegetationskleid der Erde, von Blumen und Früchten, Verlust und Trauer: »Die Vegetationskinder der Naturmutter sterben – sie kehren heim. Isis, Demeter, Holla und Freya werden zu Trauernden – und suchen ihre Kinder.«[4] Wie es im Demeter-Kult[5] – Demeter verlor ihre Tochter Persephone an die Unterwelt – im September die großen Eleusinien gab, noch früher – schon 1568 v.Chr. bezeugt – die Thesmophorien, so mag es auch um Frau Holle Herbstfeiern und Trauerrituale gegeben haben. Die Thesmophorien sind zu Beginn der Wintersaat gefeiert worden, so wie in unseren Breiten die Wintersaat vielerorts am Michaelistag ausgebracht wurde. Der heutige Michaelistag – nach kirchlicher Festsetzung der 29. September – verweist auf einen früheren Fruchtbarkeitskult um Holle, aber auch um Wotan. Am Michaelistag[6] durfte man nach alten Spinnstubenregeln, die ja auf Holle hindeuten, weder spinnen noch Flachs rösten. Andererseits wurden mancherorts Totengedächtnisfeiern abgehalten, zu denen die besonderen Kuchen und Brote des Michaelistages (frühere Holle-Brote?) gehören.

Schließlich ist überliefert, dass am Michaelistag regelmäßig eine Zusammenkunft der Hexen[7] auf dem Blocksberg, einem alten Kultort der Holle, stattgefunden haben soll. Auch hätten von dort aus neben den Schwalben die Kröten und Störche ihren Sommeraufenthalt verlassen, um den Winterort der Göttin aufzusuchen: »Wenn der Roggen eingebracht ist, ziehen die Störche fort. Und zwar sagt man, dass sie dann alle auf dem Blocksberg zusammenkommen und da einen totbeißen.«[8] Die Zusammenkunft der Störche und die Tötung eines unter ihnen deutet an, dass auf dem Blocksberg ein Herbstopfer – eine Totenfeier – stattfand. Widukind berichtet von einer dreitägigen Totenfeier in Sachsen um den 1. Oktober herum.[9] Die Herbstbräuche bewahren die Erinnerung an ein früheres Totenfest auf, und bis heute fallen die christlichen Totenfeste Allerheiligen und Allerseelen in den gleichen Zeitraum.

Bei den Altdeutschen lag übrigens der Beginn des neuen Jahres vielfach auch auf dem 1. Oktober.[10] So wurden bei den Herbstfesten von früher Zeit an Herbstfeuer entzündet, die die Felder für das neue Jahr fruchtbar machen und neuen Segen herbeiführen sollten.

Neben dem Getreide als dem Hauptnahrungsmittel kommt in den Herbstkulten um Holla der Flachs zur Geltung, der seit prähistorischer Zeit in Deutschland als Kulturpflanze nachgewiesen ist.[11] Flachs bildete das Basismaterial für die Herstellung aller Bekleidung: »Die Frauen stellen Nahrung und Bekleidung her, in ihrer Arbeit vertreten sie die Göttin.«[12] Das Arbeitsjahr um den Flachs herum hatte einen ersten Höhepunkt in der Darbringung der Erstlinge als Brandopfer, woran sich das Verbrennen der vom Flachs- und Hanfbrechen übrig gebliebenen Werghaufen anschloss, von den Mädchen jubelnd umtanzt, so im Allgäu und in Oberbayern. Als Empfängerin des Flachsopfers werden Berchta, Holla und auch Freya genannt, auf die auch die Tradition des heiligen Tanzes hinweist.

Dazwischen lagen die herbstlichen »Schwingtage«.[13] Sie beginnen mit der Aufbereitung des geernteten Flachses durch die Bäuerinnen, was bei einer Zusammenkunft unter freiem Himmel geschieht. Der Bast der gänzlich zerriebenen Stengel wird schließlich im Schwingstock durch die

Schwinge, einen Schlegel, in die einzelnen Fasern zerteilt: »Zwanzig, ja, bisweilen doppelt so viele Frauen versammeln sich zu dieser Verrichtung unter freiem Himmel oder auf der Scheunentenne. Jede führt außer ihrem Gerät und Werkzeug einen Schatz alter Lieder mit sich, und wenn die Arbeit einmal im Gange ist, erschallen zu dem taktmäßigen Geklapper der Schwingen Jauchzen und Gesang vom Morgen bis in die Nacht hinein. In einzelnen Pausen werden bei dem Fest auch eigentümliche Gerichte und Getränke gereicht, zuweilen auch altertümliche Spiele vorgenommen, worauf es wieder an die Arbeit geht. Nichts von alledem geschieht nach Zufall oder Belieben, alles nach Überlieferung und feststehendem Ritus, als wenn es, wie einst, in gewissem Sinne einer heiligen Handlung gelte.«[14] Eigentümlich ist das Aufjauchzen aller Beteiligten, das unter freiem Himmel auf einer Höhe geschieht, »wo alle, gegen Morgen gewendet, mit erhobenen Händen, aus voller Brust aufjauchzen«.[15] Diejenigen, die diese Sitte noch ausüben, wissen über deren Ursprung nichts Genaueres zu berichten. »Es ist von alters her so gewesen«, ist die einzige Antwort, die man darauf bekommt. Moritz Busch vermutet Zusammenhänge mit dem Göttinnenkult: »Vielleicht rief man in der Urzeit den Namen der Erdmutter an, die, wie dem Anbau, so auch der Bearbeitung des Flachses vorstand; denn möglicherweise ist hiermit in Verbindung zu bringen, dass ehedem am Niederrhein auch in der Walpurgisnacht jenes dreimalige Aufjauchzen nach Osten hin Sitte war, … und dass die Schwingtage ehemals nur am Freitage abgehalten wurden, welcher jener Göttin des Saaten gebärenden Erdenschosses, des Flachssegens und der Spinnkunst geweiht war.«[16] Mit der Göttin kann hier nur Freya gemeint sein, der der Freitag geweiht war, der seinerzeit als allgemeiner Glückstag galt, und so erkennen wir hier erneut die Nähe zwischen Freya und Holle, wie sie auch anderenorts zu beobachten ist.

Schon während der Arbeit und erst recht am späteren

Abend beim Tanz, zu dem die jungen Männer hinzukamen, wird während der Schwingtage ein nur dabei übliches Getränk – Honigwasser mit Anisbranntwein und aufgelöstem Pfefferkuchen – gereicht. Mit diesem dickflüssigen Getränk, »Kümpchen« genannt, fütterten die Mädchen ihre Burschen: »Dabei knien die Männer vor den Frauen, die das Schüsselchen im Schoss halten.«[17] Als irdische Vertreterin Holles geben die jungen Frauen aus ihrem Schoß Nahrung und Leben.

Da die Schwingtage manchmal im Rausch der beteiligten Männer endeten, hatten die Kirche und später auch die weltlichen Behörden Grund, gegen die »heidnischen« Bräuche einzuschreiten: »Auf diese Weise ist die ursprünglich allenthalben am Niederrhein verbreitete Sitte auf der Ebene allmählich verschwunden, und selbst in den Bergen kommt sie – um 1877! – nur an manchen Orten noch vor.«[18]

In den Schwingtagen sind offensichtlich die Umrisse eines alten Holle-Herbstfestes um den reifen Flachs tradiert, der zerschnitten und zerstampft wird, um zum Basismaterial des Spinnfadens zu werden, aus dem alle Kleidung gesponnen und gewebt wird. Trauer um das Zerstörte, Zerstückelte und ekstatische Freude über die neue Möglichkeit des Verbindens kommen bei diesem alten Herbstfest zusammen, das in manchen Zügen mit den Thesmophorien von Eleusis verglichen werden kann, die ich in meinem Buch »Die verlassene Mutter« näher beschrieben habe.[19]

Wie sehr Holle Herrin des Herbstes ist, zeigt sich auch an der Bedeutsamkeit, die den Holle-Fäden, den »Altweiberfäden«, beigemessen wurde, die nach dem Einbringen des Getreides die herbstliche Luft durchziehen. Man glaubte, dass Frau Holle selber hier ihre Fäden spinne, sie, die nun, nach Wiedereröffnung der Spinnstuben, den Fleiß der Mädchen prüfend über Land geht.[20]

Im Spätherbst beginnt nach dem Glauben der alten Völker auch die Geisterzeit. In Stürmen und Nebeln lassen sich

Irrlichter sehen, vor allem die wilde Jagd. Aber auch die Gabe des zweiten Gesichts pflegt sich im Herbst stärker bemerkbar zu machen, wie die neblige Jahreszeit überhaupt das Entstehen von Phantasien und Halluzinationen begünstigt. Auf Holle-Fahrt gehen heißt ja auch, Halluzinationen und Visionen zu haben und in den Bereich des Unbewussten einzukehren – ins unterirdische Reich der Holla, in das unsere Goldmarie gelangte, um mit Gold überschüttet zurückzukehren.

Die Lebensmutter

1 Rüttner-Cova (1986), 61
2 ebd., 61
3 Drewermann (1982), 23ff.; 25ff.; 37ff.
4 Riedel (1985), Tabu im Märchen, 90ff.
5 Grimm, J. (1875), Mythologie, 1. Bd., 220–225; zu Perchta, ebd., 226-234
6 Rüttner-Cova (1986), 32f.
7 Drewermann (1982), 37ff.
8 Fetscher (1974), Der Pech-Marie-Report, 96ff.

Frau Holle

1 Rölleke (1982)
2 Brüder Grimm, Kinder- und Hausmärchen, nach der Textfassung der 2. Auflage von 1819, herausgegeben von Heinz Rölleke, 1. Bd., 95–97 (KHM Nr. 24)

Den Ruf der Dinge hören: *Goldmarie*

1 Fetscher (1974), Der Pech-Marie-Report, 100f.
2 Rüttner-Cova (1986)
3 ebd., 61
4 ebd., 61
5 ebd., 61
6 ebd., 61
7 ebd., 61
8 Rölleke (1982) Bd. 2, 526ff., bes. 547ff.
9 ebd., 85ff.
10 Rüttner-Cova, 61
11 ebd., 61
12 An diese ausgesetzte Situation knüpfen sich bei manchen Hörerinnen des Märchens Assoziationen an mögliche Übergriffe, denen Goldmarie womöglich ausgesetzt gewesen sei.

13 Rüttner-Cova (1986), 75.
14 HDA 1, 1677; 1681ff.
15 Rölleke (1982), 9ff.
16 Riedel (1989), Die weise Frau, 31ff.
17 Rölleke (1982), 176ff.
18 Rüttner-Cova, 32
19 ebd., 32
20 Rölleke (1982), 9ff.
21 So die dritte Fassung des Märchens durch die Brüder Grimm bei Helbling (1946), 1. Bd., 191
22 ebd., Bd. 1, 191
23 Riedel, Die weise Frau, 31ff.; 66ff.; vgl. auch Verena Kast, Die Nixe im Teich (1995)
24 Leuner (1988, 4. Aufl.), Zur Imagination der Wiese
25 HDA 1, 761, 767, 774
26 HDA 1, 510
27 Riedel, Tabu im Märchen, 19ff.
28 Riedel, Die weise Frau, 86ff.
29 ebd., 31, 133
30 Grimm (1876), I. Bd., 220–225
31 Riedel, Die weise Frau, 136f.
32 HDA VI, 1483f.
33 KHM, 69: Bei Helbling (1946), 2. Bd., 489ff.
34 bei Helbling (1946), 1. Bd., 193
35 Riedel, Demeters Suche (1986), 126ff., 161ff.
36 Bolte-Polivka (1963), Die rote Alte
37 Winterstein in: Laiblin (1986), 56–70
38 Riedel, Die weise Frau, 93ff.; 57ff.
39 Rüttner-Cova (1986), 59/60f.
40 vgl. Scheif (1982), 128ff.: »Dass der Guten und Fleißigen die goldene Gabe dazu gereicht, einen Königssohn zu heiraten und das ungeliebte Haus zu verlassen, hat Dörtchen Wild, aus welchen Gründen auch immer, nicht zu berichten gewusst« (S.129).

Sich über die Dinge stellen: *Pechmarie*

1 bei Helbling (1946, Bd. 1), 91ff.; 194: »Erzählte alles, was ihm begegnet war.«
2 HDA, Bd. 1, 510ff.
3 ebd.
4 Foster-Little (1991)
5 C. G. Jung, Psychologie und Alchemie (1944 und 1972 in Bd. 12 der Ges. Werke)
6 Vergleiche zum Thema »falsches Selbst« die Theorien von D. W.

Winnicot und die Narzissmus-Theorien von H. Kohut (z. B. »Narzissmus«, Frankfurt 1976; engl. Originalausgabe 1971) und W. F. Kernberg (z.B. »Die Borderline-Störung und der pathologische Narzissmus», Frankfurt 1978, New York 1977)
7 Rüttner-Cova (1986), 61
8 ebd., 61
9 ebd., 61
10 ebd., 61
11 ebd., 61
12 vergl. Anm. 5
13 Kast (1994), Vater-Töchter-Mutter-Söhne

Zur Frau werden: *Die Initiation*

1 HDA, VI, 687f.; VIII, 1218ff.
2 Frazer (1922; 1989), 865ff.; 876ff.
3 Riedel (1985). Tabu im Märchen, 10, 82 u.a.; Winterstein (1928), bei Laiblin (1968)
4 Riedel (1989), Die weise Frau, 50ff.
5 HDA, VIII, 1218; van Gennep (1986)
6 HDA, IV, 687
7 ebd.
8 ebd.
9 Frazer (1922; 1989), 865ff.; 876ff.
10 HDA, IV, 593ff.
11 HDA, VIII, 1223
12 Frazer (1922; 1989), 865ff.; 876ff.
13 HDA, IV, 593ff.

Die größere Mutter finden: *Frau Holle*

1 HDA, VIII, 1218ff.
2 ebd. und Rüttner-Cova, 115ff.
3 Bolte-Polivka (1963): Parallel-Märchen: Die Kuh, die gemolken werden will; Die Suppe, die vom Herd genommen werden will.
4 ebd.
5 Der kleine Pauli, Lexikon der Antike, Bd. 2, 1239. Kerényi, Der göttliche Arzt, Darmstadt 1956, 67
6 HDA, IV, 287f.; VIII, 1234
7 Riedel (1989), Die weise Frau, 47ff.; 93
8 Brüder Grimm, Deutsche Sagen, 1. Teil, 5–6; zit. bei Rüttner-Cova, 74
9 Gnmm (1976), 220–225; bzw. Perchta, 226–234
10 ebd.

11 HDA, III, 164
12 HDA, VI, 143f.; Grimm (1876), 1, 218–220; 222
13 Gnmm, 1, 223f.
14 KHM, Riedel (1989), Die weise Frau, 98f.; vgl. Kast (1995), Die Nixe im Teich
15 Grimm (1876), 1, 356
16 ebd., 221
17 ebd.
18 Francia (1986), Dinkelmann (1983)
19 Dabei beziehe ich mich über eigene Funde hinaus, die ich bereits in meinem Buch »Die weise Frau» (1989) veröffentlicht habe, vor allem auf die reichen Materialien, die Sonja Rüttner-Cova in ihrem Holle-Buch (1986) zusammengetragen hat, auch wenn sie dort in einem anderen Zusammenhang stehen, nämlich als Belege für Rüttner-Covas These, dass Frau Holle als vom Christentum »gestürzte Göttin» partiell im Kult der »gespaltenen Göttin», Maria, bis in deren Festhalten hinein wiederkehre. Darüber hinaus geht es Rüttner-Cova neben einer Patriarchalkritik angesichts der »gestürzten Göttin« auch um die Kritik eines unbewussten »psychischen Matriarchats«.

Holle im Festkreis des Jahres

Winterbräuche

1 HDA, IV, 593ff.
2 ebd.
3 HDA, VIII, 261–262
4 Riedel, Demeters Suche, 45ff.
5 Haloween: vergl. bei Francia (1986)
6 Grimm (1876), I, 226–234; HDA, IV, 1478ff.
7 HDA, VI, 1484; Grimm, I, 223
8 Rüttger (1922), 55–57
9 bei Hildegard von Bingen: Barth u. a., Lieder (1969), 43, 44, 45, 46, 47, 48, 49, 50, 51, 52, 53, 54, 55: Nummern der Lieder, die sich bei Hildegard auf die Heilige Ursula und die elftausend Jungfrauen beziehen.
10 Wolf (1852), 249
11 Rüttner-Cova (1987), 114
12 Grimm, Sagen, 8; HDA, IV, 1483f.
13 Rüttner-Cova (1987), 116
14 ebd., 117
15 HDA, IX, 980–992; Kretzenbacher (1959), 81; Creutzer (1812), 122
16 Rüttner-Cova (1987), 121
17 HDA, I, 1514

18 Rüttner-Cova (1987), 122
19 ebd.
20 HDA, I, 1677 ff.; 1681
21 HDA, IV, 1484; Meyer, A., Entstehung und Entwicklung des Weihnachtsfestes, Zürich 1910, 14–16; Rüttner-Cova, 123
22 Nach schlesischen Berichten deckt man in der Christnacht der Königin des Himmels, die das Volk Frau Holda nennt, den Tisch. Panzer, F., Mitteilungen der schlesischen Geschichte für Volkskunde, 17 (1915), 31

Frühlingsbräuche

1 Dettmering, 1, 74, 268: »Einmal war das Mädchen hingegangen, Wasser zu holen, und wie es sich bückte, den Eimer aus dem Brunnen zu ziehen, bückte es sich zu tief und fiel hinein.«
2 Der kleine Pauli, Lexikon der Antike (1975), Neudruck 1979, Bd. 1, 651.
3 Rüttner-Cova, 80
4 Lukas (1980), 115–117
5 Grimm (1876), 1, 218–220, 222; HDA, IV, 1483ff.
6 HDA, VI, 1483, Grimm, 1, 223.
7 HDA, VI, 1483
8 Riedel (1985), Tabu im Märchen, 90ff.
9 Busch (1977), 54–56
10 HDA, III, 126
11 Lukas (1980), 14–15
12 Perger (1864), 30
13 HDA, III, 153 ff.
14 ebd., 104; vergl. auch Luther, M., Auslegung der Episteln, Basel 1522 in: Werke, Abtl. II, Tischreden VI, Weimar 1921, 252
15 HDA, III, 104, 157
16 HDA, III, 153ff.
17 HDA, III, 166ff., 169

Sommerbräuche

1 HDA, 1, 784
2 HDA, 1, 761, 767, 774
3 Rüttner-Cova, 95ff.
4 Kluge, F., Etymologisches Wörterbuch der deutschen Sprache, Berlin/New York 1975, 314; 319
5 HDA, IV, 263
6 Sage aus dem Odenwald vom Muttergottesbild
7 HDA, IV, 266
8 Rüttner-Cova, 97
9 HDA, IV, 262–276

10 HDA, IV, 266
11 HDA, IV, 714
12 HDA, IV, 735, 736; Lehmann (1964), 16 u. a.

Herbstbräuche

1 HDA, 1, 510ff.
2 ebd.
3 ebd.
4 ebd.
5 Rüttner-Cova, 104; vergl. Riedel (1986), Die verlassene Mutter, 125ff., 145ff.
6 Rüttner-Cova, 105
7 ebd., 104ff.
8 Wolf (1852), 166
9 Widukind
10 Jahresbeginn am 1. Oktober
11 Rüttner-Cova, 106
12 HDA, 1, 1492f.; Busch (1877), 114–118; Rüttner-Cova, 191ff.
13 Busch (1877), 114–118
14 ebd.
15 ebd.
16 ebd.
17 ebd.
18 ebd.,
19 Riedel, Die verlassene Mutter (1995) (Erstausgabe: Demeters Suche), 145ff. und Creutzer (1812), 498
20 HDA, VI, 1483; HDA, I, 353f.

Literaturverzeichnis

Bechstein, L.: Mythe, Sage, Märe und Fabel, Leipzig 1854

v. Beit, Hedwig: Symbolik des Märchens, Bd. 1, Versuch einer Deutung, Bern 1952, S.665–678

dies.: Gegensatz und Erneuerung im Märchen, 2. Bd. von Symbolik des Märchens, Bern u. München 1957

Bolte, J./Polivka, G.: Anmerkungen zu den Kinder- und Hausmärchen der Brüder Grimm, Bd. I–V, Leipzig 1913–1931, Neuauflage in 4 Bdn., Hildesheim/New York 1963

Busch, M.: Deutscher Volksglaube, Leipzig 1872

Chevalier, J./Gheerbrant, A.: Dictionnaire des symboles, Paris 1982

Creutzer, F.: Symbolik und Mythologie der alten Völker, Leipzig/Darmstadt 1812

Derolez, R. L. M.: Götter und Mythen der Germanen, Einsiedeln 1963

Dettmering, P. (Hrsg.): Die Kinder- und Hausmärchen der Brüder Grimm, Urfassung 1812/1814, Lindau o.J.

Drewermann, E.: Frau Holle. Versuch einer tiefenpsychologischen Deutung, Olten 1982

Eliade, Mircea: Le sarants et les contes de fées, in: Nouvelle Revue francais, 4. 1956, S. 884–891

ders.: Schamanismus und archaische Ekstasetechnik, Frankfurt 1982

Enzyklopädie des Märchens, begründet von K. Ranke, hrsg. von R. W. Brednich, Berlin 1980ff.

Fester, R./König, M. E. P./Jonas, D. F./Jonas A. D.: Weib und Macht, Fünf Millionen Urgeschichten der Frau, Frankfurt 1991[7]

Fetscher, Iring: Wer hat Dornröschen wachgeküsst? Hamburg/ Düsseldorf 1972, Fischer-TB, Frankfurt 1974

Foster, F./Little, M.: Vision Quest, Sinnsuche und Selbstheilung in der Wildnis, Braunschweig 1991

Francia, L.: Mond – Tanz – Magie, München 1986

Frazer, James George: Der goldene Zweig. Das Geheimnis von Glauben und Sitten der Völker, Cambridge 1922 (engl. Originalausgabe unter dem Titel »The Golden Bough»), deutsche Taschenbuchausgabe in »Rowohlts Enzyklopädie«, Reinbek bei Hamburg, 1989

Friedrich, G.: Grundlage, Entstehung und genaue Einzeldeutung der

bekanntesten germanischen Märchen, Mythen und Sagen, Leipzig 1909, S.43
Frobenius, E.: Das Zeitalter des Sonnengottes, Berlin 1904
van Gennep, A.: Übergangsriten, New York/Frankfurt 1986
Gimbutas, Marija: The Language of the Goddess, San Francisco 1989
Brüder Grimm: Deutsche Sagen, 2 Bde., 1816[1], 1818, 1891[3], Neudruck Zürich 1974 (Transitbooks)
Handwörterbuch des deutschen Aberglaubens (HDA), hrsg. unter besonderer Mitwirkung von Hoffmann-Krayer, unter Mitarbeit zahlreicher Fachgenossen von Hans Bächtold-Stäubli, Berlin u. Leipzig 1929ff.
Helbling, C. (Hrsg.): Kinder- und Hausmärchen, gesammelt durch die Brüder Grimm, vollständige Ausgabe, Manesse Bibliothek der Weltliteratur, Zürich 1946, 1986[12]
Helm, K.: Die Entwicklung der germanischen Religion, in: Nollau, H. (Editor): Germanische Wiedererstehung, Heidelberg 1926
Herder-Lexikon »Symbole«, bearbeitet von M. Oesterreicher-Mollwo, Freiburg 1978
Herrmann, P.: Deutsche Mythologie, Leipzig 1906, S. 301
Hoffmann, E.: Feste und Bräuche des Schweizervolkes, Zürich 1946
Jung, C. G.: Psychologie und Alchemie, 1944 und 1972 in Bd. 12 der Gesammelten Werke, Olten
Kahlo, G.: Frau Holle und der Nobiskrug, in: Wissenschaftliche Zeitschrift der Friedrich-Schiller-Universität, Jena, Reihe 7, 1957/58, S. 583–589, hier: 583
Kast, V.: Vater – Töchter, Mutter – Söhne, Stuttgart 1994
dies.: Die Nixe im Teich, Gefahr und Chance erotischer Leidenschaft Zürich 1995
Kerényi, K.: Die Mythologie der Griechen, 2 Bde., München 1966
Klosinski, G. (Hrsg.): Pubertätsriten, Äquivalente und Defizite in unserer Gesellschaft, Bern, Stuttgart, Toronto 1991
Kluge, F.: Etymologisches Wörterbuch der deutschen Sprache, Berlin/New York 1975
Krappe, A. H.: La déesse Holda, in: Etudes de mythologie et de folklore germaniques, 1928, S. 109
Kretzenbacher, L.: Santa Lucia und die Litzelfrau, München 1959
Laiblin, W. (Hrsg.): Märchenforschung und Tiefenpsychologie. Wissenschaftliche Buchgesellschaft Darmstadt 1986
ders.: Das Urbild der Mutter, erstmals erschienen 1936, abgedruckt in: Märchenforschung und Tiefenpsychologie, S. 100–150
Lehmann, H.: Volksbrauch im Jahreslauf, München 1964
Lenz, F.: Bildsprache der Märchen, Stuttgart 1971
List, E. A.: Holda and the Venusberg, in JAFL 73, 1960, S. 305–311, hier: S. 308

Lukas, J.: Der silberne Faden, Minsingen 1980
Lurker, M.: Lexikon der Götter und Dämonen, Stuttgart 1984
Mahdi/Forster/Little: Betwixt and Between, Patterns of masculine and feminine initiation, Illinois 1972
Mannhardt, W.: Germanische Mythen, Berlin 1858, S. 269
Meyer, E. H.: Mythologie der Germanen, Straßburg 1903, S. 426
Mogk, E.: Mythologie, in: Grundriss der germanischen Philologie 1, et H. Paul, Straßburg 1891
ders.: Germanische Religionsgeschichte und Mythologie, Berlin – Leipzig 1921, S. 58, 133
Naumann, H.: Christentum und deutscher Volksglaube, in Zeitschrift für Deutschkunde 42, 1928, S. 321–337, hier: 323
Norte, F.: Der Festkalender, Stuttgart 1842
Paetow, K.: Frau Holle, Kassel 1952
ders.: Frau Holles Weg in deine Seele durch Märchen, Eschwege 1956
ders.: Volkssagen und Märchen um Frau Holle, Hannover 1962
ders.: Schicksalswege, Forschungswege zum Berg der Frau Holle, in: Velmeden 775, Kassel 1975
von Perger, A.: Deutsche Pflanzensagen, Stuttgart u. Oehringen 1864
Peuckert, W. E.: Deutscher Volksglaube des Spätmittelalters, Stuttgart 1942 (Nachdruck Hildesheim – New York 1978), S. 98
Riedel, I.: Tabu im Märchen, Olten 1985
dies.: Die Weise Frau in uralt-neuen Erfahrungen, Olten 1989, 1990[2]
dies: Die verlassene Mutter. Mutter und Tochter im Demeter-Mythos, Zürich 1995 (Neuausgabe von Demeters Suche – Mütter und Töchter, Zürich 1986)
Rölleke, H. (Hrsg.): Brüder Grimm, Kinder- und Hausmärchen. Nach der zweiten vermehrten und verbesserten Auflage von 1819, Köln 1982
Rüttger, Severin: Der Heiligen Leben und Leiden, Leipzig 1922
Rüttner-Cova, S.: Frau Holle, die gestürzte Göttin, Märchen, Mythen, Matriarchat, Basel 1986
Rumpf, M.: Butzenbercht und Kinderfresser, in: Beiträge zur deutschen Volks- und Altertumskunde 19,1980, S. 57–76
dies.: Der Brauch des Aufstellens von »Bertl-Milch«, in: Beiträge zur deutschen Volks- und Altertumskunde 23, 1984, S. 61–86
dies.: Spinnstubenfrauen, Kinderschreckgestalten und Frau Perchta, in: Fabula 17, 1976, S. 215–242, speziell S. 223
dies.: »Stichwort Frau Holle« in: Enzyklopädie des Märchens, Berlin 1980
Scherf, W.: Lexikon der Zaubermärchen, Stuttgart 1982
Silberer, H.: Probleme der Mystik und ihrer Symbolik (1914), Darmstadt 1961

Simrock, K.: Bertha als Spinnerin, Frankfurt/M. 1853, S. 122
ders.: Handbuch der deutschen Mythologie, Bonn 1874
Tauber, J.: Herd und Ofen im Mittelalter, Olten 1980
Vries, A. de: Dictionary of Symbols and Imagery, Amsterdam/ London, 2. Aufl. 1976
Wägner, W.: Nordisch-Germanische Götter- und Heldensagen, Naumhof 1934
Walker, B. G.: The Women's Enzyklopädia of Myths and Secrets, San Francisco 1983
dies: Die weise Alte, Kulturgeschichte – Symbolik – Archetypus, München 1986 (amerikan. Ausgabe: San Francisco 1985)
Warner, Marina: Maria, München 1982
Waschnitus, V.: Perchtholda und verwandte Gestalten, Wien 1914, S. 174–179
Wesche, H.: Beiträge zur Geschichte des deutschen Heidentums, in: Beiträge zur Geschichte der deutschen Sprache und Literatur, 61, 1937, S. 1–116, hier: S. 98
Wildhaber, R./Uffer, L. (Hrsg.): Schweizer Volksmärchen, Düsseldorf – Köln 1978
Winterstein, A.: Die Pubertätsriten der Märchen und ihre Spuren im Märchen, erstmals erschienen 1928, Neudruck in: Märchenforschung und Tiefenpsychologie, S. 56–70
Wolf, J. W.: Beiträge zur Deutschen Mythologie, Göttingen/Leipzig 1852

Die Deutsche Bibliothek – CIP-Einheitsaufnahme
Ein Titeldatensatz für diese Publikation ist bei
Der Deutschen Bibliothek erhältlich

Neu gestaltete Ausgabe des erstmals 1995 im Kreuz Verlag Zürich
erschienenen Titels

1 2 3 4 5 05 04 03 02 01

Ein Unternehmen der Dornier Medienholding GmbH
Postfach 80 06 69, 70506 Stuttgart, Tel. 0711-78 80 30
Sie erreichen uns rund um die Uhr unter www.kreuzverlag.de
Umschlaggestaltung: Atelier Jürgen Reichert
Umschlagfoto: Presse-Bild Poss, Siegsdorf
Satz: detepe, Aalen
Druck und Bindung: Clausen & Bosse, Leck
Die Schreibweise entspricht den Regeln
der neuen Rechtschreibung.
ISBN 3 7831 1942 1